AF139056

„Er hat seinen Engeln befohlen,
dass sie dich behüten
auf allen deinen Wegen".

(Psalm 91,11)

Auf dem Weg

Ich bin nicht allein unterwegs.
Es gibt Wegbegleiter und Wegbereiter,
die mitgehen:

Mit gutem Beispiel vorangehen.
Mit Geduld auf mich zugehen.
Mit Überzeugung Steine aus dem Weg räumen.
Mit mir meinen Weg suchen.

Auf dem Weg in die mündige Freiheit
und freie Mündigkeit sind Weggefährten
wie unsichtbare Engel Gottes.
Und Gott selbst ist der Weg
in die Tiefe der Wahrheit und
die Weite der Liebe.

Burkhard Budde

Burkhard Budde

Annis Welt
Neugier auf das Leben

Bibliografische Information der Deutschen Nationalbibliothek:
Die Deutsche Nationalbibliothek verzeichnet diese Publikation in
der Deutschen Nationalbibliografie; detaillierte bibliografische
Daten sind im Internet über http://dnb.dnb.de abrufbar.

Herstellung und Verlag: BoD – Books on Demand, Norderstedt

ISBN: 978-3-7347-9678-4

Inhalt

Vorwort

Liebe Leserin, lieber Leser,

Anni lebt in keiner *heilen* Welt. Aber in ihrer Welt wird sie von Grundvertrauen getragen. Sie lebt auch nicht in einer *heillosen* Welt. Aber die Hoffnung auf Erneuerung beflügelt sie.

Anni lebt in einer *heilbaren* Welt mit vielen Schattierungen und Grauzonen, Widersprüchen und Rätseln. Weil sie neugierig auf die Quelle der Liebe bleibt, die Kraft zur Annahme des Lebens sowie gleichzeitig zur Veränderung schenkt, wird sie befähigt, ihre Welt ein Stück schöner und besser zu gestalten. Gemeinsam mit ihrem Großvater entdeckt sie immer wieder neue Horizonte des Denkens, des Fühlens und des Verhaltens, manchmal auch die schöpferische Urquelle, den lebendigen, freien und liebenden Gott, die Grundvoraussetzung allen Lebens.

Alle Leser sind eingeladen, sich beim Lesen der Texte aus dem Leben für das Leben auf den Weg zu machen, sich in Annis Rolle oder die des Großvaters hineinzuversetzen und sie mit neuem, auch eigenem Leben zu füllen.

Allen Lesern wünsche ich spannende, sinnstiftende sowie froh- und neumachende Entdeckungen für ihre eigenen Welten - in „Annis Welt".

Burkhard Budde

Advent

Kern als Keim neuen Lebens

Anni und ihr Großvater lesen gemeinsam den Artikel:

Die Schale einer Nuss scheint eine besondere Bedeutung zu haben. Vielleicht schützt sie etwas Wichtiges vor Hektik und Stress, zum Beispiel im Advent. Oder vor gedankenlosem Konsum und oberflächlichem Kommerz, vor falschen Erwartungen und neuen Konflikten. Vielleicht verbirgt sie auch ein Geheimnis, das neugierig machen und sich offenbaren will.

Ein äußerer Schein kann täuschen und enttäuschen, aber auch ein sinnstiftendes und lebensdienliches Sein widerspiegeln. Können nicht glänzende Oberflächen der Adventsgewohnheiten und Adventstraditionen auch zu einem Tiefenverständnis der Adventszeit einladen?

Doch stets bleiben Spannung und Risiko. Denn es gibt keine Garantie, dass die Nuss nicht taub ist oder nicht taub bleibt, keinen Inhalt hat. Denn es ist auch möglich, dass sich unter der Schale nur gähnende Leere und langweilige Lehre befinden. Und kein erfüllender Sinn, keine treibende Sehnsucht, keine unvorhersehbare Überraschung, kein Kern, der Freude im Leben und auf das Leben trotz der vielen zersplitterten Schalen macht.

Doch stets ist eine Anstrengung notwendig.
Denn die harte Schale muss geknackt, die engen und festen Grenzen müssen überwunden werden. Und ein möglicher Inhalt darf möglichst nicht verletzt, gequetscht oder gar zerstört werden.

Dann doch lieber die Decke über den Kopf ziehen und die Nuss ignorieren?! Die eigene Bequemlichkeit mit dem Hinweis entschuldigen, dass das Leben von Boten der Adventsbotschaft so laut spricht, dass man die Botschaft nicht mehr hören kann?

Der Advent kann jedoch die Sehnsucht nach seinem Kern wecken. Wenn Gott zur Sprache kommt, weil der Vertrauende nach dem Eigentlichen der Adventszeit fragt. Vielleicht beim Gespräch in einer Gemeinschaft. Vielleicht beim Lesen eines Textes. Vielleicht bei dem Besuch eines Konzertes. Vielleicht bei einer Feier.

Wenn vor allem die Vernunft vernünftig bleibt, das Äußere nicht ignoriert, verdächtigt, instrumentalisiert oder maßlos, gefühllos und ziellos zerstört wird. Wenn durch das Äußere, das das Innere zum Ausdruck bringt, ein Weg zum Inneren, zum fruchtigen Kern gesucht und gefunden wird.
Dennoch: Keiner hat den Kern, die frohmachende Gewissheit der bedingungslosen sowie schöpferischen Liebe Gottes durch den Glauben an Jesus Christus, gemacht. Er bleibt stets ein Geschenk.

Wenn jedoch dieser Kern entdeckt und persönlich angenommen worden ist, dann kommen das glühende Herz und der kühle Kopf auf den Geschmack, sich der letzten Geborgenheit in Gott immer wieder neu zu vergewissern. Und im Geiste Jesu Christi barmherziger und gerechter, aber auch mit verantwortungsvollerem Genuss zu leben.

Als Keim neuen Lebens.

Ärzte

Halbgötter in Weiß?

Sind Ärzte Zugpferde von Patienten, die so schnell wie möglich wieder gesund werden wollen? Oder Sündenböcke von Patienten, die wegen ihrer unergründlichen Krankheit eine seelische Entlastung brauchen? Oder „nur" Opfer eines Gesundheitssystems, das Effizienz verordnet anstatt Zuwendung und Menschlichkeit zu ermöglichen?

Und der Patient? Ist der ein braver Befehlsempfänger eines Arztes, der weiß, was gut für ihn ist? Ein hilfsbedürftiges Objekt eines Arztes, der nur drei Minuten Zeit für einen Fall hat? Oder auch „nur" Opfer eines Systems, das teure von lukrativen Fällen unterscheidet?

Anni, die sich eine eigene und unabhängige Meinung bilden will, kann sich über Allgemeinurteile aufregen. „Ärzte sind doch nicht alle „Halbgötter in Weiß"?!" empört sie sich bei ihrem Großvater.

Der kennt „schwierige Ärzte", die jede kritische Frage eines Patienten als Majestätsbeleidigung empfinden und aus Zeitmangel zum dienstbaren Fließbandarbeiter geworden sind. Auch hat er „Herr und Frau Doktor" erlebt, die von ihrem Publikum angehimmelt und angebetet werden. Sich dann wie unnahbare und eitle Gesundheitspriester in einem hierarchischen und bürokratischen Dom verhalten, wo ein Klima des Ausgeliefertseins herrscht. Und der kritische Geist sowohl des Arztes als auch des Patienten bedingungslos auf dem Altar eines Gesundheitskultes geopfert wird.

Aber auch „schwierige Patienten" sind Großvater in seinem Leben begegnet, die den Arzt anflunkern oder anlügen, ständig nörgeln oder sogar aggressiv reagieren. Dass ein Arzt dann genervt und verärgert ist, wenn ein Patient beratungsresistent ist und dadurch den Erfolg einer Behandlung gefährdet, erscheint ihm verständlich. Und überhaupt kann ein engagierter Arzt zu einer tragischen Figur werden, wenn sein Einsatz mit jedem Erfolg größer wird und am Ende doch der Tod durch die Unheilbarkeit der Krankheit wartet.

„*Den* Arzt und *den* Patienten gibt es nicht", sagt Großvater. „Wir sind alle nur Menschen - und eigenverantwortlich. Aber der Arzt trägt eine besondere Verantwortung". „Wie meist du das?" fragt Anni neugierig. „Wenn eine Verkäuferin unhöflich ist oder ein Pastor eine langweilige Predigt hält, hat das andere Folgen, als wenn ein Arzt einen Patienten durch einen Fehler schadet oder einen Schaden nicht verhindert." Und ein Patient sei auch in der Regel kein Kunde, der einen Arzt auswähle oder abwähle, die Qualität des

Produktes schnell prüfen könne, sondern auf einen Arzt als Experten angewiesen sei.

Allerdings sei für ihn ein „guter Arzt" mehr als ein tüchtiger Macher, der sich nur auf das Technische, Organisatorische, Fachliche oder Ökonomische konzentriere, seine Gefühle jedoch verdränge oder an eine Schwester delegiere.

Vielleicht könne man einen „guten Arzt" mit einem fachlich kompetenten Wegbegleiter vergleichen, der den Patienten beim Weg durch das Tal einer Krankheit nach bestem Wissen und Gewissen sowie wertschätzend begleite.

Der auch zuhören, aufklären, erklären und beraten könne. Der freundlich, höflich und verschwiegen sei. Der Steine der Angst aus dem Weg zu räumen versuche. Und der ein ermutigendes Wort des Trostes mit auf den weiteren Weg gebe.

Und ein „guter Patient"? Der wisse, dass der Weg durch ein Tal nur gemeinsam gelingen könne, wenn er sich auf eine vertrauensvolle und gleichwertige Patienten-Arzt-Beziehung einlasse. Wohl wissend, dass weder er noch der Arzt selbst der Weg, das Heil, sei und beide nicht für das Wetter, für Unvorhersehbares, verantwortlich seien.

Ein wachsendes Grundvertrauen sei sowohl für den Patienten als auch für den Arzt wichtig. Es könne helfen, auf letzten Sinn in einem Tal zu hoffen. Gesundheit müsse kein Religionsersatz sein, wohl aber die Rückkehr zu einem sinnstiftenden Gleichgewicht, zur Einheit mit sich selbst sowie mit dem lebendigen Grund - dem wahren Gott allen Lebens.

Bibel

Buch fürs Leben?

Ist sie ein Nachschlagewerk, das bei aktuellen Themen hilft? Ein Gutachten, aus dem sich alle das herauspicken, was in ihren Kram passt? Ein Märchenbuch, das die Phantasie anregt? Eine wissenschaftliche Studie, die neue Erkenntnisse vermittelt? Oder ist die Bibel eher mit einem Museumsstück zu vergleichen, das manche gerne mal sehen, aber nicht als wirklich wichtig ansehen?

Anni will es genauer wissen. Sie gehört nicht zu den Menschen, die grundsätzlich kein Interesse an religiösen Fragen haben oder keine Chance bekommen, die Bibel näher kennenzulernen. Oder sich bewusst von ihrem Kindheitsglauben abgrenzen und dadurch ihre „schlechten Erfahrungen" noch verstärken.

Anni fragt ihren Großvater: „Opa, muss ich glauben, dass Gott die Erde in sieben Tagen geschaffen hat? Dass Jesus auf dem Wasser gegangen ist?" Großvater überlegt. Dann sagt er etwas, was für Anni zunächst wie ein peinliches Ablenkungsmanöver erscheint. „Als du noch ein Baby warst, hat deine Großmutter häufiger zu dir gesagt „Was für ein kleiner Spatz!" Warum wohl?" Jetzt überlegt Anni und ihr fällt auch eine Antwort ein: „Weil ich so niedlich und quirlig war?!"

„Und das bist du auch heute noch. Natürlich bist du kein wirklicher Spatz gewesen. Aber Oma hat so ihre Freude über dich zum Ausdruck bringen wollen."

Großvater und Anni denken gemeinsam nach, was wohl die Menschen dazu gebracht haben könnte, über Gott und Jesus so zu reden wie es in der Bibel überliefert ist. Ob die Menschen damals die Schöpfung als Gottes Werk mit ihrer damaligen Sprache und dem damaligen Wissen preisen wollten? Der biblische Schöpfungsbericht also nicht als naturwissenschaftliche Analyse zu verstehen ist, sondern als ein besonderes Glaubensbekenntnis?

Der Bericht, dass Jesus auf dem Wasser gegangen sei, nicht die Naturgesetze in Frage stellen will, sondern die Erfahrung vermitteln möchte, mit Gottvertrauen ohne Angst oder Panik über Abgründe gehen zu können?

„Wir haben doch auch über die Aussage des 23. Psalms „Der Herr ist mein Hirte" gesprochen, „fügt Großvater noch hinzu, „Gott ist kein wirklicher Hirte. Aber alles, was ein guter Hirte für seine Herde und auch für ein einzelnes Schaf tut, das können Hinweise auf das Wirken des lebendigen Gottes in unserem Leben sein."

Anni und Großvater begreifen: Wer sich in einen Menschen hineinzuversetzen versucht, versteht ihn besser. Wer sich für die religiösen Erfahrungen eines Menschen von damals oder heute interessiert und sich ihnen öffnet, bei dem kann auch der eigene Glaube an Gott, die frohmachende Gewissheit letzten Sinns und letzter Geborgenheit, aufblühen.

Der Gottsuchende muss wohl nicht beim *Wortsinn* stehenbleiben; die biblische Aussage wie eine Tulpenzwiebel in Einzelteile zerlegen, um anschließend zu merken, dass sie nicht mehr zusammengesetzt werden kann.

Der Gottsuchende muss auch nicht nur nach dem *geistigen Schriftsinn* fragen, nach den Blüten ohne ihre Schalen, Wurzeln und Keimprozessen.

Der Gottsuchende kann vielmehr über den *wörtlichen Sinn* hinaus nach dem *geistigen Schriftsinn* biblischer Aussagen forschen, um den Glauben des ganzen Menschen zum Blühen zu bringen, mit Gottes Wirken in der Gegenwart zu rechnen.

Die Bibel, verstanden im geschichtlichen Zusammenhang und von der Mitte der Schrift, vom Geist Christi her, ist dann so etwas wie ein Liebensbrief Gottes an alle Menschen – ein Buch aus dem Leben des Glaubens für ein Leben mit und vor Gott, nicht nur für Anni und ihren Großvater.

Buch

Wie ein Schloss?

Anni und ihr Großvater lesen gemeinsam den Artikel:

Lust auf Unbekanntes? Neugierig auf Neues? Kann das Lesen eines Buches eine neue und faszinierende Welt in der alten Welt erschließen?

Manche versuchen, in ein Buch hineinzukriechen wie in eine *Höhle*. Dort hocken sie ganz allein, sind aber nicht einsam.
Wie gebannt, aber nicht gefesselt; verzaubert, aber nicht verführt, verfolgen sie das Geschehen. Der Zufluchtsort dient ihnen, nicht sie dienen diesem Ort. Weil er ihnen Raum für ihre eigene Phantasie bietet, die unzerstörbar erscheint und keine Grenzen kennt.

Andere winken ab. Für sie ist das Buch nur wie eine alte *Hütte* auf einem unzugänglichen Felsen, die nicht mehr bewirtschaftet wird und langsam zerfällt.
Videospielen, YouTube-Videos oder Fernsehserien geben sie generell den Vorzug. Die Hütte sei langweilig, nervig, zu weit weg von ihrem Leben, eigentlich überflüssig.

Aber woher kommt dieses Urteil - oder könnte es ein Vorurteil sein? Muss man nicht erst die Welt eines Buches kennenlernen, um zu entdecken, dass alles vom Leser – von einem selbst – abhängt, ob ein Haifisch im Aquarium leben, ein verfaulter Apfel schön, dass Unvollkommenheit attraktiv sein kann, das Unmögliche möglich erscheint?

Ein Buch kann wie ein *Schloss* mit vielen Zimmern sein. Es bleibt verschlossen, wenn man es flüchtig und rastlos, oberflächlich und selbstgefällig links liegen lässt. Es öffnet sich, wenn man sich Zeit und Ruhe für eine Begegnung nimmt. Weil man frei und unabhängig von fremden Urteilen, der Aufdringlichkeit des Unmittelbaren sowie den Bevormundungsversuchen anderer sein will.

In manchen Räumen des Schlosses mag billiges Parfüm in der Luft hängen. Und man fragt sich, für wen und wozu der Autor diesen Text geschrieben hat. In anderen Räumen mag man sich über die stickige Luft spießiger Moral ärgern. Oder über den knarrenden Fußboden unbelehrbarer Charaktere.

Aber ein Schloss kann auch Zimmer mit frischem Wind der Freiheit zum vertieften und kreativen Nachdenken beherbergen. Bekanntes und zugleich Geheimnisvolles können den Leser so berühren, dass Personen zum Leben erweckt werden, mit denen gelebt, gezittert und gelacht wird. Und Energien können freigesetzt werden, die die eigenen Gedanken bewegen, an die man sich später gerne erinnert.

Wer vor einem Schloss steht, sollte einfach mal eintreten, um seine eigenen Erfahrungen mit dem Vorstellbaren, Wünschenswerten und Möglichen zu sammeln. Man kann auch eine unbequeme Höhle aufsuchen, um die eigene Wirklichkeit zu öffnen und offen zu lassen. Der Einsatz und der lange Atem, die Offenheit und Neugier, Sensibilität und Reflexion werden belohnt:

Schloss oder Höhle wecken befreites und befreiendes Leben für den Alltag. Und können selbst im Unglück Glück schenken.

Dankbarkeit

Der Dankbare denkt

Anni und ihr Großvater lesen gemeinsam den Artikel:

Ist der Dankbare noch unterwegs? Oder hat er sich versteckt? Stampft er heimlich trotzig auf der Stelle? Weil immer weniger Mitmenschen das alte Zauberwort „danke" kennen? Und sagt lieber „gerne"?

Wer will schon wie ein dummer Kammerdiener erscheinen, der seine Ansprüche nicht kennt und sie nicht einfordert? Und überhaupt: Ist es nicht klug, das zweischneidige Schwert der Dankbarkeit in der Scheide stecken zu lassen? Weil es zwar ein möglicher Türöffner zur Seele eines Mitmenschen ist, aber zugleich auch als Schwäche missverstanden werden kann?

Einem unbeweglichen Betonkopf kommt „Merci" (französisch), „Grazie" (italienisch), „Obrigado" (portugiesisch) nur selten über die Lippen, auch wenn er unverdiente Barmherzigkeit, eine schöne Tat erlebt oder eigentlich eine Verpflichtung zum Danken hat.
Selbstgerecht und überheblich dreht er gerne jeden Stein um, der auf seinem Weg liegt, und wirft mit spitzen Steinen um sich, um unkritische Zustimmung zu erzwingen. Weil die Mitwelt von seinen maßlosen Maßstäben genervt ist und ihre Ruhe haben will, gibt es keinen Austausch der Ideen und Argumente - nur oberflächliche Begegnungen und für den Undankbaren selbstverschuldete und langweilige Einsamkeit.

Der ehrlich Dankbare jedoch, der den Dank nicht inszeniert oder instrumentalisiert, betritt den Raum des Denkens. Er erkennt und anerkennt im Spiegel des Lebens, den er denkend blankreibt, sich selbst, seine Vergänglichkeit und seine Unvollkommenheit. Er entdeckt, dass seine unverlierbare Würde und seine Lebenszeit Geschenke sind, seit seiner Geburt, die ohne sein Verdienst geschehen ist. Ihm wird klar, dass alle seine Leistungen und Erfolge nicht ohne „glückliche Zufälle" – nicht ohne „Gott" – möglich gewesen sind. Er kann dankbar zurückgeben, was er empfangen hat. Und empfängt in Demut Möglichkeiten neuen Lebens.

Der Dankbare, der weit genug denkt, hat die Münze des Lebens gefunden, die zum Vertrauen auf das Leben und zum Dank für das Leben einlädt. Er hat zum Leben selbst, zum lebendigen Gott, zu sich selbst und zum Nächsten gefunden.

Mit dem Wort „danke" streichelt und befreit er die eigene und fremde Seele. Und zaubert auch unterwegs ein Lächeln in zwei Gesichter.

Demokratie

Stabiles Haus?

Anni und ihr Großvater lesen gemeinsam den Artikel:

Ist diese Vorstellung ein eitles Hirngespenst oder nur ein naiver Wunsch? Kann eine „wehrhafte Demokratie" Kräfte mobilisieren, die das Haus der freiheitlichen Demokratie stabil machen?

Eine Vision muss kein Luftschloss von Ideologen sein, die die Menschheit mit ihrer einzigen Wahrheit (zwangs-)beglücken wollen. Auch kein abgeschiedener Elfenbeinturm von Eliten, die die Menschheit (ent-)täuschen, weil sie doch nur an sich denken.

Gibt es ein *Haus* der „wehrhaften Demokratie", das viele *Räume* hat? Um die Vielfalt dieser Räume erschließen zu können, bleiben die Verbindungstüren offen, gibt es überall Rechts- und Chancengleichheit, Wechsel- und Entwicklungsfreiheit.

Das Haus mit den unterschiedlichen Räumen ist auf einem gemeinsamen *Fundament* gebaut, „im Bewusstsein seiner Verantwortung vor Gott und den Menschen", zu dem die unantastbare Würde eines jeden Menschen, die Grund- und Menschenrechte gehören. Die „Würde" ist unverhandelbar, kein Angebot à la carte, sondern ein universeller und zu gleich individueller Anspruch eines jeden Menschen.

Die *Hausordnung*, die für alle gilt, spiegelt sich in den Gesetzen wider, die mehrheitlich verändert, gerichtlich kontrolliert und öffentlich diskutiert werden können. Sie regelt auch die demokratischen Verfahren, die Arbeit der demokratischen Institutionen sowie den Rahmen einer unabhängigen Justiz und Presse.

Das *Klima* in diesem Haus ermöglicht soziale, zivile und kulturelle Integration. Im Idealfall sind alle Bewohner bemüht, sich mit Vertrauen, Respekt, Fairness und Wahrhaftigkeit verantwortungsbewusst friedlich zu begegnen. Sie vermeiden Sonder- und Parallelwelten, vor allem kämpfen sie gegen den Geist des moralischen und religiösen Eifertums, der sich häufig mit Unwissenheit und Überheblichkeit verbündet. Aber auch gegen totalitären Extremismus, heuchlerischen Fanatismus und ängstliches Duckmäusertum.

Die *Haustüren* können geöffnet werden, um Menschen in Not zu helfen, aber auch um mit anderen Häusern zusammenzuarbeiten. Die Türen bleiben jedoch für die verschlossen, die Gewalt und Hass, Unfrieden und Intoleranz, Unbelehrbarkeit und Unmenschlichkeit mitbringen, die dadurch das Fundament des Hauses zerstören wollen: Die Würde und die Freiheit des Einzelnen, die Gewaltenteilung, die Trennung von Staat und Religion, Gleichberechtigung...

Das *Haus insgesamt* muss ständig erneuert werden, damit es nicht eines Tages wie ein Kartenhaus in sich zusammenfällt. Es braucht vor allem viele engagierte Menschen, die von seinen Besonderheiten sowie seiner Entwicklungsfähigkeit überzeugt, sogar begeistert sind, aber auf dem Teppich täglicher Herausforderungen bleiben. Es braucht demokratische Kräfte – wertorientierte, soziale, humane und wehrhafte –, einen langen Atem, immer wieder den frischen Wind der Erneuerung durch geöffnete Fenster.

Damit eine demokratische Vision, eine vorweggenommene Zukunft, in Vernunft und Verantwortung, in Würde und Freiheit, entdeckt, gelebt und vorgelebt werden kann.

Ehe

Im gemeinsamen Boot

Großvater und Anni sitzen im Ruderboot und paddeln über den schönen See. Die Sonne lacht am blauen Himmel. Anni will es wieder einmal genau wissen: „Opa, sag mal, warum haben Oma und du geheiratet? Wollten das eure Eltern?" Großvater schmunzelt, schaut auf das Boot und antwortet: „Wir sind freiwillig ins Boot der Ehe gestiegen. Keiner hat uns bedrängt. Und wir haben uns auch selbst nicht unter Druck gesetzt". „Und warum seid ihr ein Paar geworden?" fragt Anni erneut. „Aus Einsicht. Nicht aus Schwärmerei. Und aus Liebe. Nicht aus Berechnung". Das versteht Anni nicht.

Und Großvater erzählt: Großmutter und er hätten sich an einem See wie diesem zufällig kennengelernt. Schnell merkten sie, dass sie miteinander offen sprechen konnten. Die Chemie, die Neugier aufeinander, schien zu stimmen und sie verabredeten weitere Treffen.
Sie entdeckten viele gemeinsame Interessen sowie gemeinsame Vorstellungen vom Alltags- und jeweiligen Berufsleben, aber auch gemeinsame Werte wie gegenseitige Wertschätzung und gegenseitigen Respekt. Das gegenseitige Vertrauen wuchs, weil sie beide zuverlässig und ehrlich zueinander waren, den anderen zu verstehen und in seiner Persönlichkeit anzunehmen versuchten.

Sie konnten gemeinsam lachen und weinen, sich entschuldigen und verzeihen, voneinander und miteinander lernen, aber auch heftig und fair diskutieren, ohne den anderen zu verletzen, ihn bevormunden oder bestimmen zu wollen.

Die Sehnsucht nach einer gemeinsamen Fahrt über den See des Lebens sei immer größer geworden, auch nach körperlicher Nähe und Zärtlichkeit, nach einer Lebensgemeinschaft auf Lebenszeit.

„Das klingt wie aus einem Liebesroman. Welche Rolle hat denn die Liebe gespielt?" fragt Anni schmunzelnd nach. „Liebe Anni, das Wunder wahrer Liebe ist für mich kein Märchen, das Vertrauen schafft. Liebe setzt vielmehr begründetes und gewachsenes Vertrauen voraus." Und auch diese „steilen Gedanken" muss Großvater erläutern.

Die Sehnsucht nach einer solchen Liebe sei – und er bleibt „wunderbar bildhaft" - der offene See gemeinsamen Lebens gewesen. Sonst wären sie nicht ins Boot gestiegen. Das Boot sollte ja nicht ständig an der Anlegestelle liegen bleiben, wo es auch langweilig werden konnte. Sie wollten vor allem das Abenteuer Liebe auf offener See erleben.
Großmutter und er hätten in der Regel in die gleiche Richtung gerudert. Sie konnten so leichter die Leuchttürme gemeinsamer Verantwortung für ihre Beziehung wahrnehmen, die auf gefährliche Strömungen wie Rechthaberei und Gleichgültigkeit hinweisen, aber auch auf unbekannte Ufer gemeinsamer Entdeckungen und Neuanfänge.

Bei schlechtem Wetter und Stürmen - Konflikten und Krisen - , aber auch bei ruhiger See und Flauten - Denkfaulheit und Unbeweglichkeit - hätten auch die Bojen der Wahrhaftigkeit, der Kompromiss- und Lernbereitschaft sowie die der Erinnerungen an glücklichere Stunden und an Versprechen geholfen, die konkrete Fahrrinne gegenseitiger Entwicklungshilfe und des neuen Füreinander-Daseins zu finden.

Im Boot der Ehe von Großvater und Großmutter sei zudem immer Platz für Kinder gewesen, die einen Schutz-, Schon- und Entwicklungsraum brauchten, den der Staat deshalb schütze und fördere.

Und überhaupt sei eine Ehe als Verantwortungsgemeinschaft ein stabiler Anker auf dem See der vielen Veränderungen sowie eine Lebensgrundlage für die Gesellschaft.

Und deine Großeltern, fügte Großvater noch hinzu, wissen, dass das Boot selbst vom Wasser des Lebens getragen wird. Und deshalb könne sich auch in ihrer Ehe göttliche Liebe in der gemeinsamen Liebe widerspiegeln.

Erfahrung

Jung- und Altbrunnen

Viele wollen gerne Erfahrungen sammeln – zum Beispiel beim Fahrradfahren, Autofahren oder Reisen. Sie „erfahren" ein gestärktes Selbstwertgefühl, größere Zufriedenheit, neue Einsichten und Erkenntnisse.

Aber wie steht es eigentlich mit der Lebenserfahrung? Ist sie noch gefragt oder überflüssig geworden, weil es Wichtigeres gibt? Oder schadet sie sogar dem Fortschritt, wenn sie borniert daherkommt?

Großvater beschäftigt sich gerne mit seinem Enkelkind, auf das er sehr stolz ist. Beide spielen miteinander, staunen und freuen sich über die vielen kleinen Wunder, die sie entdecken. Und ärgern sich auch mal über Misserfolge bei gemeinsamen Unternehmungen. Großvater erzählt gerne aus seinem Leben. Anni versteht zwar nicht alles, was er sagt, aber dennoch hängt sie an seinen Lippen. Und für Großvater sind Annis Kommentare und Rückfragen wichtig, weil er dann selbst Altvertrautes erklären oder sogar selbstkritisch hinterfragen muss.

Anni ist von Opas Schatzkiste, die voller Lebenserfahrungen steckt, fasziniert. Er nennt negative Beispiele von zwischenmenschlichen Verletzungen, die tiefe Wunden hinterlassen haben, aber nicht heilen können, weil sie nicht bearbeitet werden. Positive Beispiele von Konflikten, die rechtzeitig und fair ausgetragen worden sind, und deshalb keine Rolle im Miteinander mehr spielen.

Ein wenig gruselig wird es jedoch für Anni, wenn sie etwas von „Nieten" im Talar, in der Robe, im weißen Kittel, im Nadelstreifen oder im Blaumann hört. Von schwachen Chefs, die noch schwächere Mitarbeiter, vor allem Jasager fördern. Oder von Machtmenschen, die ihre Mitstreiter um des eigenen Erfolgs willen opfern und wie heiße Kartoffeln fallen lassen.

„Opa", sagt Anni ein wenig irritiert, „du erzählst doch Schauermärchen?!" Großvater gibt zu, dass er übertrieben habe und dass solche Erlebnisse natürlich nicht verallgemeinert werden dürften. Aber es würde schon zutreffen, „dass hinter glänzenden Kulissen häufig nur mit Wasser gekocht wird. Und hinter mancher freundlichen Maske eine verlogene Fratze verborgen sein kann", versucht Großvater zu erklären. Wichtig sei es deshalb, realistisch zu bleiben, mit dem All-zu-Menschlichen, auch mit Intrigen und Schlechtmacherei zu rechnen, um nicht enttäuscht zu werden und unabhängig zu bleiben.

Und dabei denkt Großvater an die Aussage Jesu „Seid klug wie die Schlangen und ohne Falsch wie die Tauben". „Aber Opa, gibt es nicht auch Menschen, denen ich vertrauen kann wie …" „Natürlich", beeilt sich Großvater zu ergänzen, „aber selbst bei einem notwendigen Vertrauensvorschuss sollte niemand blauäugig werden, sondern eine eigenständige und kritische Grundhaltung behalten, auch selbstbewusst Nein sagen können. Und im Zweifel findest du ja bei deinen Eltern immer ein offenes Ohr."

Anni ahnt, dass das Leben weder ein Hexenwerk noch eine Geheimniswissenschaft ist, sondern ein spannender Schatz an Erfahrungen und Offenbarungen, der ständig vermehrt wird und sich wie von selbst erneuert, wenn man neugierig bleibt.

„Dann sollte man aber", folgert Anni, „möglichst keinen Menschen mit einem Etikett versehen oder ihn in eine Schublade stecken, damit er sich und Eigenes entwickeln kann". Großvater fühlt sich bei diesem Kommentar von Anni wie in einem geistigen Jungbrunnen und stimmt gerne zu. Und Anni will auf den „Altbrunnen" ihres Großvaters, auf die verdichtete Lebenserfahrung, nicht verzichten, weil er ihr neue Sichtweisen sowie Gelassenheit und Besonnenheit schenkt. Und weil Anni nicht alle Fehler Großvaters wiederholen und aus eigenen Fehlern lernen will.

Großvater und Anni sind schon ein tolles Gespann. Sie stimmen überein, dass beide Brunnen gebraucht werden – nicht nur bei der Erziehung und Persönlichkeitsbildung, sondern auch für den Zusammenhalt einer Gesellschaft mit jungen *und* erfahrenen Menschen.

Etiketten

Wasser statt Wein?

Anni und ihr Großvater lesen gemeinsam den Artikel:

Etikette kann wichtig sein. Wer Benimmregeln beherrscht, hat auf dem gesellschaftlichen Parkett größere Erfolgsaussichten. Auch *Etiketten* können sich als nützlich erweisen. Bei der Suche nach einem bestimmten Produkt sind Aufkleber hilfreich.

Das schnelle *Etikettieren* eines Menschen im Meinungskampf ist jedoch problematisch. Einem Menschen - zwar unsichtbar, aber erlebbar – einfach ein beleidigendes Etikett auf die Stirn zu kleben, ist unfair, ungerecht und würdelos. Und ob der Etikettierer selbst gerne mit einem solchen Etikett auf seiner Brust herumlaufen, bewertet, festgelegt, einsortiert und ausgegrenzt würde?!

Wer beispielsweise alle Andersdenkenden, obwohl sie sich im Rahmen unseres Grundgesetzes bewegen, einfach als „Rassisten" etikettiert, verweigert die inhaltliche Auseinandersetzung. Er arbeitet sogar den wirklich unbeweglichen Köpfen in die Hände, die sich über andere Menschen erheben und Gruppen auszuschließen versuchen. Weil für sie dann eine Bezeichnung fehlt, können sie weiterhin im Nebel der Begriff- Losigkeit ihr menschenverachtendes Unwesen treiben.

Aber auch *Etikettenschwindel* sollte rechtzeitig entlarvt werden, damit niemand später böse Überraschungen erlebt. Es gibt große Enttäuschungen, wenn das Etikett auf einer Flasche „Wein" verspricht, aber sich in der

Flasche „Wasser" befindet. Oder wenn auf dem Türschild „Menschlichkeit" steht, aber im Innern eines Hauses nur wenig Wertschätzung und Annahme erfahrbar sind. Entweder spiegelt ein Etikett die „Sache" glaubwürdig wider oder es sollte lieber auf eine Etikettierung verzichtet werden.

Das Etikett „*Religionsfreiheit*" auf einem schönen Pferd mit Namen Troja ist dann kritisch zu hinterfragen. Welches Verständnis von Freiheit befindet sich im Bauch des Pferdes, welches Verständnis ist gemeint? Etwa nur die Freiheit, sich öffentlich zu einer Religion zu bekennen? Aber nicht auch die Freiheit, sich von einer Religion abzuwenden, sie zu wechseln oder auch ohne Religion leben zu wollen? Dient die „Religionsfreiheit" nur den eigenen Interessen oder vor allem der individuellen Freiheit aller, auch der Selbstbestimmung der Frau?

Eine zentrale Orientierung gibt das Leuchtfeuer der „unantastbare *Würde*" des Grundgesetzes: Alle Menschen sind aus einem Holz geschnitzt, sind gleichwürdig, -wertig und -berechtigt.

Die offene Gesellschaft ist offen für die Vielfalt der Religionen und Nichtreligionen im Rahmen des demokratischen Rechtsstaates, aber sie braucht, um offen zu bleiben, die Einheit und den Vorrang der Grund-, Freiheits- und Menschenrechte - in Wehrhaftigkeit, nicht in der Haltung eines Zuschauers.

Mutige Verbündete im Geist der Menschenwürde und der politischen Vernunft verzichten auf ständiges Etikettieren, vor allem auf Etikettenschwindel.
Weil sie ihre Werte glaubwürdig vor- leben.

Gebet

Orientierung in der Stille

Es gibt viele Stimmen. Manche davon wollen nur Stimmung machen. Das Gebet sei eine Pille zur Beruhigung gestresster Nerven, ein Schlafkissen zum Unterdrücken aggressiver Gefühle, ein Erziehungsinstrument zur Durchsetzung eigener Vorstellungen, ein alter Zopf zur Verklärung vergangener Zeiten, ein spiritueller Kitt zum Zusammenschweißen einer Gemeinschaft, ein leises Pfeifen in der Dunkelheit zum Vertreiben von Ängsten, eine Komödie zur religiösen Verzierung und zur demonstrativen Heuchelei.

Anni bleibt kritisch gegenüber diesen Stimmen. Sie fragt ihren Großvater: „Opa, betest du eigentlich?"

Großvater ist zunächst überrascht, dann redet er über seine Erfahrungen mit dem Gebet. Vor dem Einschlafen bete er häufig um einen erquickenden Schlaf; denke dabei nicht selten an liebe Menschen wie Anni, aber auch an den Ärger des Tages. Damit sein Schlaf nicht gestört werde, lege er alle Sorgen gleichsam in Gottes Hand und werde so frei für positive Gedanken und natürlich auch für schöne Träume.

Früher in der Schulzeit habe er auch vor Klassenarbeiten gebetet, um ruhiger zu werden. Stoßgebete schicke er auch heute noch gen Himmel, wenn Krisen und Konflikte oder schwierige Aufgaben und kantige Menschen auftauchten. Fehlten ihm die Worte, spreche er innerlich einfach das Vaterunser. Das schaffe innere Freiheit.

Auch ein Tischgebet mache Sinn, bewusster, dankbarer und zuversichtlicher zu leben. „Gebete helfen weiter, selbst wenn alles wie am Schnürchen läuft, vor allem jedoch, wenn nichts weiterhilft. Not kann Beten lehren", berichtet Großvater.

Doch Anni scheint nicht wirklich überzeugt zu sein. „Opa, meine Freundin hat gesagt, dass Beter naive Gemüter sind. Bist du naiv?". Großvater verdreht zunächst die Augen, dann heben sich seine Augenbrauen und er schaut in Annis wunderschönen Augen. Das Gebet, antwortet er, lähme nicht die Vernunft und mache sie auch nicht unvernünftig. Im Gebet könne ein Beter vielmehr überraschende Erfahrungen sammeln, weil die eigenen Augen durch das Beten klarer, selbstkritischer und weiter sehen könnten.

Großvater wird poetisch: „In der Wüste gibt es – Gott sei Dank – Oasen". In der Wüste der Ängste und Zweifel gebe es Oasen der Geborgenheit und Gewissheiten. „Wenn du betest, dann befindest du dich auf einer Oase mit einer Quelle, aus der du neue Kräfte, neue Zuversicht und neuen Mut schöpfen kannst."

„Aber ist das nicht sehr umständlich? Warum erhört Gott denn nicht einfach die Wünsche des Beters?", erwidert Anni kritisch. Gott, so Großvater, funktioniere eben nicht wie ein Automat und sei kein Erfüllungsgehilfe, der eine Wunschliste abarbeite.

Aber Gott erhöre den Beter, indem der Beter sich innerlich verändere und die Verwirklichung seiner Wünsche dem freien und souveränen Gott überlasse, da er Gott

„dennoch" vertraue, der den Überblick über den Sinn von unterschiedlichen Wünschen und seines Lebens habe. Und weil Gott „natürlich" auch möchte, „dass der Beter seine Hände nicht in den Schoß legt, sondern mit seinen Händen sein Leben aktiv und verantwortungsvoll mitgestaltet, sofern das überhaupt möglich ist", so Großvater.

Anni denkt darüber nach. Und der Großvater auch. Beide hoffen, im Gebet die wahre Stimme, die leise Stimme Gottes, zu hören - in der schöpferischen Stille, um im lauten Stimmengewirr und in der Stimmungsmache nicht die Orientierung zu verlieren.

Geburt

Abenteuer Liebe

Anni und ihr Großvater lesen gemeinsam den Artikel:

Ein winziges Menschlein erblickt das Licht der Welt. Vor allem die von der Geburt erschöpfte Mama und der auch auf seine Frau stolze Papa, aber auch die Großeltern, Onkel und Tanten sowie die Freunde erleben ein Fest der Sinne. Ein kleines Wesen, das sich nicht wehren, aber bemerkbar machen kann: Es guckt, quietscht, brabbelt, tastet mit seinen kleinen Fingerchen, leckt und spielt mit der klitzekleinen Zunge. Es nuckelt so gerne an der Brust der Mutter. Macht ein Bäuerchen und pupst – zur Freude aller.

Doch noch überwältigender ist ein direkter Augenkontakt, ein faszinierendes Geschenk. Ob dünnhäutig oder dickhäutig: Bei einem lächelnden Blick des Babys tief in die Seele eines Erwachsenen öffnet sich jedes gereifte Herz, schlägt höher und schneller – verzaubert und füllt es mit unbekannten Glücksgefühlen, die nicht einfach versickern oder abperlen.

Manchmal kann das Kind auch schreien. Hat es Schmerzen? Ist es (noch) hungrig oder (wieder) müde? Vielleicht auch genervt von den nassen Küssen, von dem gut gemeinten, aber übertriebenen Geknutsche einer lieben Verwandten? Die Mutter – auch der Vater?! - kennt (wohl) den wahren Grund des Schreiens, redet zärtlich mit dem süßen Kind und wiegt es in einen wohligen Schlaf mit bestimmt vielen süßen Träumen.

Manche Gratulanten wollen sofort das Geschlecht und den Namen des Kindes wissen. Andere fragen zunächst nach dem Wohlbefinden von Mutter und Kind. Wieder andere blicken in das Gesicht des Babys und beginnen ein heiteres Raten: „Eindeutig, ganz der Vater." „Nein, eine echte…"
Aber dem Kind ist das egal. Es bleibt ein einzigartiges und unverwechselbares Wunder, ist kein produziertes Bilderbuchbaby, auch keine (Teil-)Kopie eines anderen Menschen.

Denn dieses Kind hat etwas mit dem Kind in der Krippe zu tun. Wenn Gott in dem Kind in der Krippe Mensch geworden ist, dann hat auch dieses neugeborene Kind eine unverlierbare Würde, in der sich etwas unantastbar Göttliches widerspiegelt. Und die Eltern und Erwachsenen sind verantwortlich für dieses von Gott unendlich geliebte Kind.

Denn dieser Zauber ist keine heiße Luft, keine Nebelkerze, keine Hängematte, kein Sand im Getriebe, sondern ein offenes Abenteuer der vertrauenden Liebe und der verantwortungsvollen Leidenschaft.

Gedanken

Freiheit oder Verbote?

Anni und ihr Großvater lesen gemeinsam einen Text:

Gibt es Gedankenfreiheit? Oder herrschen Denkverbote? Immer wieder wird versucht, das Denken zu zensieren oder gar zu unterdrücken.

„Wenn mein Chef, der ein Choleriker ist, seine Sprüche klopft und ausrastet", verrät ein Mitarbeiter, „halte ich den Mund. Und denke mir nur meinen Teil." Und wie denkt der Chef über diesen Mitarbeiter? „Ein Langweiler ohne eigene Meinung", erzählt er schmunzelnd einem Freund.

Die Wahrnehmung der Gedanken eines Mitmenschen ist nicht so einfach. Und zwischen Fremdwahrnehmung und Selbstwahrnehmung liegen häufig Welten.

Aber dennoch ist die „Denke" nicht unwichtig. Denn wie einer über einen Menschen denkt, so verhält er sich ihm gegenüber auch. Sieht ein Geschäftsführer beispielsweise seinen Angestellten vor allem als bloßen Kostenfaktor und nicht auch als kompetenten Partner im Team, das das Geschäft voranbringen soll, hat das Konsequenzen für sein konkretes Handeln. Und natürlich auch für die Motivation und das Engagement eines Mitarbeiters.

Doch bleiben die Gedanken stets frei?

Die Gedankenwelt eines Menschen ist eine verrückte Kopfwelt. In ihr wird nicht selten Karussell gefahren, das sich manchmal langsam, mal schneller dreht. Gedanken kommen, bleiben, machen schwindelig, verschwinden, verstecken sich, kehren zurück. Sie verlassen das Karussell, gehen auf Wanderschaft, erleben Höhen und Tiefen, Abgründe und Sackgassen, können sich im Gestrüpp verfangen.

Manchmal spielen sie den Staatsanwalt und zugleich den Richter, manchmal den Angeklagten und den Sündenbock. Manchmal sind sie Trittbrettfahrer oder Schwarzfahrer. Immer wieder gibt es Kopfgeburten, die unheimlich sind, weil sie von Trieb- und Ohnmachtsvorstellungen gezeugt sind, vom Verschwörungswahn und peinigenden Erinnerungen getrieben werden und nur noch Freunde und Feinde kennen.

Spätestens jetzt sollte das Denken von den entmündigenden Fesseln befreit werden. Denken kann durch Denken gestaltet und gelenkt werden: „Lass dich nicht auf falsche Gedanken bringen!" „Denk darüber nach!" „Denk positiv und wohlwollend." Denn wenn einer bewusst denkt, existiert er. Und wenn er existiert, kann er denken, nach- und durchdenken, vor- und weiterdenken, quer- und neudenken.

Gefühle können das Denken befeuern. Das Denken, das mehr ist als ein Sammelbecken für unterschiedliche Ideen, kann Gefühle kritisch kultivieren, sie überwachen, deuten und einordnen. Um souverän, selbstständig und frei im Denken zu bleiben. Und um eine Spur der Verantwortung, der Fairness und des Glücks zu hinterlassen.

Geheimnis

Das Geheimnis der Liebe

Anni und ihr Großvater lesen gemeinsam den Artikel:

Geheimnisse lüften?

Die *Zwiebel* gibt eine klare Antwort. „Selbstverständlich. Ohnehin bleibt nichts verborgen. Und das ist auch gut so."
Hinter der Maske der Höflichkeit und Freundlichkeit die Fratze der Verlogenheit und Heuchelei zu entlarven. Und im Paradies der Menschlichkeit und Liebenswürdigkeit die Schlange mit ihren giftigen Bemerkungen und Boshaftigkeiten zu entdecken – das mache Sinn.
Doch die Zwiebel, die sich von einer Schale nach der anderen trennt, um selbst alles zu offenbaren, steht plötzlich vor dem Nichts. Ist jetzt alles aus, sinnlos? Oder ist ihr Ende der Anfang von etwas Neuem?

Die *Nuss*, die die Entblätterung der Zwiebel erlebt, fängt an zu weinen und sagt: „Bei mir gibt es eine glatte, aber auch harte Schale. Ich bin glatt, weil ich durch Anpassungen Glück erfahren habe. Ich bin zugleich hart, weil ich auch schmerzhafte Brüche und bittere Enttäuschungen durchleiden musste."
Doch die Nuss denkt weiter: „Was befindet sich hinter meiner Schale?" Leere, Fülle? Flüssiges, Überflüssiges? Wertloses, Kostbares? Ungenießbares, Schmackhaftes?

Sie erkennt, dass nicht die sichtbare Schale das Entscheidende in ihrem Leben ist, sondern das Innere hinter der Schale. Dass sich hinter einer harten Schale etwas Weiches befinden kann. Vor allem erlebt sie, dass eine Anstrengung von außen notwendig ist, um ihre Schale knacken zu können und dem Geheimnis, dem Kern ihres Lebens, auf die Spur zu kommen.

Und das tröstet sie.

Darüber freut sich die *Rose*, die selbst durch ihre Farben und ihren Duft Freude bereitet. „Mein Geheimnis", so erläutert sie selbstbewusst, „kann keiner einfach analysieren. Aber in der Begegnung mit mir werde ich zu einem offenen Geheimnis."

Und als der Liebende der Geliebten eine Rose überreicht, verspüren beide mit allen ihren Sinnen keine geheime Unheimlichkeit, sondern wahre Liebe. Die frei ist, sich in das Geheimnis einzufühlen und sich auf das Geheimnis einzulassen, aber auch das Geheimnis ein Geheimnis sein zu lassen, damit Würde erblüht.

Nicht immer ohne Geräusche, ohne Kraft, ohne Hoffnung, aber immer zugleich mit eigenem Kopf und leidenschaftlichem Herz. Und nie ohne Sinn.

Gier

Gier macht unfrei

Anni und ihr Großvater lesen gemeinsam den Artikel:

Die Maus mit ihrem neugierigen Schnuppernäschen blickte in einen Spiegel. Sie sah ihr glänzendes Fell, ihre braunen Knopfaugen, ihre kurzen Beine und ihren langen Schwanz. War sie nicht schön?
Aber hatte sie - trotz Schönheit - in ihrem Leben wirklich das große Los gezogen? In ihrem Herzen sehnte sie sich danach, unbedingt anerkannt, auch aufgewertet zu werden.

Immer häufiger schielte die Maus, deren Selbstwertgefühl ständig auf die Probe gestellt wurde, nach anderen Mäusen und Mäuschen, großen und kleinen Tieren, die ihrer Meinung nach ungerecht bevorzugt wurden. Und weil sie ihr Einfühlungsvermögen sowie Verständnis aufs Eis gelegt hatte, verhinderte sie - wenn sie es gerade konnte - die Entwicklung und Anerkennung der Leistung anderer. Denn ihr Neid mischte sich mit der Angst, zu kurz zu kommen.
Und sie wollte am Ende nicht die „Dumme" sein.

Langsam wurde sie auch noch geizig. Sie wollte unbedingt das besitzen, was sie nicht hatte. Und was sie hatte, wollte sie unbedingt vermehren. Sie dachte nur noch an sich, wurde gefühls- und lieblos, vor allem sehr einsam. Denn wer wollte schon mit einem neidischen Geizhals, selbst wenn er gezuckert nett und niedlich, schnuppernd daherkam, das bunte Leben, seine kostbare und unwiederholbare Lebenszeit teilen?

Das Unangenehmste war jedoch das Rad ihrer versteckten Gier, das durch Neid, Angst und Geiz ständig und immer schneller gedreht wurde. Zwanghaft hielt sich die Maus an diesem Rad fest und wollte zugleich noch mehr ergreifen, was vorhanden war, aber existenziellen Schwindel verursachte. Sie konnte um keinen Preis auf ihre Wünsche verzichten, auch nicht das Rad loslassen, um nach Alternativen zu ihren Wünschen zu suchen. Sie war unangenehm unfrei geworden, raffgierig und zugleich machtgeil, geldgierig und zugleich ruhmsüchtig.

Eines Tages schaute die Maus wieder in einen Spiegel. Sie erschrak. Ihr Bild hatte sich extrem verändert. Aus einer schönen und attraktiven Maus war eine verhärmte und verbitterte graue Maus geworden. Selbstsüchtige Gier hatte ihre Schönheit zerstört, auch die eigene Freiheit und Mündigkeit, vor allem jedoch die selbstkritische Selbstannahme, die notwendig ist, um konstruktive Annahme, ja die unbezahlbare Liebe anderer erfahren zu können.

Glück

„Bist du glücklich?"

Nur Glück gehabt? Ist nicht jeder Mensch auf der Suche nach einem glücklichen Leben? Doch wie kann das Glück entdeckt werden? Und kann verhindert werden, dass es nicht klammheimlich und grußlos verschwindet, nachdem es für einen Augenblick spürbar war?

Großvater, der mit seiner Enkeltochter eine Wanderung macht, wird von Anni plötzlich gefragt: „Opa, bist du glücklich?" „Wie kommst du auf diese Frage?" entgegnet Großvater erstaunt. „Du wirkst traurig."

Und tatsächlich fühlt sich der alte Mann todunglücklich, weil er schlimmen Ärger mit einem Nachbarn hat.
Aber damit will er seine Enkeltochter nicht belasten und ihr nicht die Freude am gemeinsamen Unternehmen trüben. „Du bist ein guter Menschenkenner. Es gibt Streit mit einem Nachbarn, der nicht kompromissbereit ist. Aber davon erzähle ich dir später". Anni hilft ihm aus der Patsche, im Augenblick nicht darüber sprechen zu wollen. „Ich bin jedenfalls glücklich, dass du dir Zeit nimmst und mit mir etwas unternimmst", strahlt Anni. „Und ich bin glücklich, dass es dich gibt und wir …" - Da stockt Großvater, weil er sagen wollte „über alles sprechen können". Und dann erzählt er doch seiner Enkeltochter etwas über seinen Konflikt mit dem Nachbarn. Anni hört aufmerksam zu, stellt eine Verständnisfrage, versucht vor allem Großvater mit ihren Vorstellungen zu trösten.

Und Großvater erfährt während er spricht, dass es in seiner unglücklichen Situation ein besonderes Glück gibt, eine Enkeltochter mit einem offenen und verständnisvollen Ohr zu haben. Er verspürt Glück im Unglück, weil er seine Gedanken und Gefühle aussprechen kann und zu unterscheiden beginnt, was zurzeit nicht veränderbar ist, aber gemeinsam getragen wird und was demnächst veränderbar und erneuert werden kann.

Das Zufallsglück („*luck*": „dass ich so eine Enkeltochter geschenkt bekommen habe") und das Lebensglück („*happiness*": „das vertrauensvolles Gespräch mit Anni macht mich glücklich") gehen ineinander über und über sich hinaus, indem die Seele bewegt und sich der Geist für Neues öffnet und das eigene Verantwortungsgefühl gestärkt wird.

Aber auch das kennt Großvater: Besondere Gefühle der Glückseligkeit, die ihm manchmal im Gott- und Christusvertrauen geschenkt werden, Hoffnung auf letzte Geborgenheit und letzten Sinn, selbst in Ohnmachtssituationen. Und die neues Zutrauen und Neuanfänge ermöglichen.

Auch darüber sprechen beide: über den „Zufall", der vielleicht nur eine andere Bezeichnung für „Gottes souveräne Hilfe" ist, die sich von keiner Moral, keiner Dogmatik, keinem Gesetz, auch nicht von einer Institution oder Tradition festhalten oder einfangen lässt.

Aber die vielleicht – manchmal auch nach einer langen Zeit mit viel Geduld, langem Atem, Schweigen, Zweifel oder Klagen – durch den persönlichen Glauben an den lebendigen Gott sowie durch die Gemeinschaft der Gottvertrauenden „wachgeküsst" wird.

Um wieder richtig glücklich sein zu können.

Goldene Regel

Auf der Suche nach Perlen

Anni und ihr Großvater lesen gemeinsam den Artikel:

„Ich suche kostbare Perlen", sagte ein junger Mann. Sein Freund, der gleichzeitig mit seinem iPhone beschäftigt war, hatte ihn erstaunt gefragt: „Äh, warum liest du in einem Buch. Und dann noch in der Bibel?" „Gehörst du jetzt zu den frommen Gutmenschen?"

Doch sein Kumpel ließ sich nicht provozieren. Er antwortete nur: „Hör mal, was hier steht: *Du sollst deinen Nächsten lieben und deinen Feind hassen. Ich aber sage euch: Liebet eure Feinde.*" Der Kommentar seines Freundes ließ nicht lange auf sich warten: „Heißer Tobak. Ist nichts für mich. Wer mir blöde kommt, dem komme ich auch blöde."

Manche Aussagen der Bibel sind in der Tat für viele Zeitgenossen schwer verdaulich, besonders die der Bergpredigt im Neuen Testament. Aber das Nachdenken über solche Forderungen Jesu wie der „Feindesliebe", aber auch generell über biblische Aussagen lohnt sich.

Auch oder gerade weil religiöse Texte kein Konsumgut sind, das man blauäugig betrachtet. Wer jedes Wort wörtlich versteht, fesselt sich selbst, wird geistig unbeweglich, versteckt sich hinter der Form, wird unselbstständig im Denken, macht sich zur Marionette von religiösen Eiferern.

Um mit den Worten des Apostel Paulus zu sprechen: *„Der Buchstabe tötet, aber der Geist macht lebendig."* (2.Kor.3,6)

Um den Geist im Buchstaben eines Textes zu entdecken, sollte der Leser den historischen Zeitgeist mitbedenken, den Zusammenhang des Textes erhellen und ihn von der zentralen biblischen Botschaft her deuten: Gott selbst füllt die leeren Hände des Menschen mit seiner bedingungslosen Liebe. Der Mensch, der an diese Liebe glaubt, ist frei, sich an Gottes Gnade zu binden sowie befreit zur persönlichen Verantwortung vor seinem Schöpfer. Und der Christ kann im Spiegel des Glaubens an Jesus Christus den selbst- und mitleidenden sowie erlösenden Gott entdecken.

Wem das zu „fromm" oder zu „theologisch" ist, dem hilft vielleicht die „Goldene Regel" Jesu: *„Alles nun, was ihr wollt, dass euch die Leute tun sollen, das tut ihnen auch."* (Mt.7,12) Sie ist konstruktiv und dient dem Leben. Sie ist initiativ und aktiv, nicht gleichgültig und reaktiv. Ihre Richtschnur sind die eigenen Wünsche, nicht Rachegelüste. Es geht dabei nicht nur um einzelne Lebenswege, sondern um eine Grundhaltung auf allen Lebenswegen.

Und die „Feindesliebe"? Sie gehört zum eigentlichen Inhalt der „Goldenen Regel" und stellt das Herz des Anliegens Jesu dar: *„Und wenn ihr nur eure Brüder grüßt, was tut ihr Besonderes? Tun nicht auch die Heiden dasselbe?"* (Mt.5,47)

Feindschaft gibt es, leider. Aber im Hören auf das Wort Jesu als eine kritische Kraftquelle der Urteils- und Unterscheidungsfähigkeit und als lebensdienlicher Kompass der Vernunft und Verantwortung ist es möglich, den Hassenden von seinem Hass zu trennen. Und vielleicht gelingt es dann in der konkreten Situation - mit den richtigen Mitteln -, das Nötige im Möglichen zu tun, damit die Person von seiner Feindschaft ablässt.

Die Botschaft – kein einfacher Appell, keine einfache Lösung – ist im Alltag als persönliche Verantwortung präsent, wenn zuerst die Perle – die von Gott geschenkte und unverlierbare Würde eines Menschen – gesehen wird, gerade wenn sie in den Schmutz der Würdelosigkeit gefallen ist. Denn die Perle aller Perlen – Jesus Christus selbst – blieb bis zum Ende Perlenfischer, positiv: *„Vater, vergib ihnen, denn sie wissen nicht, was sie tun."* (Lk. 23, 34)

Gott

Im Garten des Lebens

Ist Gott ein Gärtner oder ein Zaungast?

Die kleine Anni ist ganz schön groß – sie will immer mehr wissen und die Welt besser verstehen, um mitreden zu können. „Opa", fragt sie neugierig, „glaubst du eigentlich an Gott? Mein Mathelehrer glaubt nur an die Wissenschaft". „Wissen ist wichtig. Aber es gibt auch Grenzen des Wissens", antwortet ihr Großvater. Nicht alles könne man erklären. „Was zum Beispiel?" hakt Anni kritisch nach. „Beispielsweise die menschliche Seele. Es ist letztlich unergründbar, warum ein Mensch ein dickes Fell hat, ein anderer eine dünne Haut, wenn beide gleichzeitig angegriffen werden". Auch gebe es Schwierigkeiten, Wunsch- und Albträume, aber auch Überheblichkeit und Phantasien zu deuten.

Und überhaupt existierten unterschiedliche Zugänge zu der einen Wirklichkeit, die einen sichtbaren und einen unsichtbaren Teil umfasse.
Das möchte Anni jetzt genauer wissen. „Du siehst das Licht der Lampe, aber nicht den elektrischen Strom. Du verspürst den Wind, aber du siehst ihn nicht. Das sind jeweils zwei Seiten einer Medaille", erläutert Großvater. Dann zeigt er auf ein Haus in der Nachbarschaft. „Wenn du auf dem Balkon der Villa stehst, dann nimmst du den Garten vor dem Haus anders wahr, als wenn du durch das Fenster blickst oder in der Haustür stehst. Vor allem aber, wenn du dich im Garten aufhältst, erlebst du ihn anders".

Das Wissen über den Garten sei stets eine Sache der Wahrnehmung des jeweiligen Beobachters, vorläufig, komplexer und unberechenbarer als manche Mathematiker meinten, die die Wirklichkeit auf Formeln reduzierten.

Großvater fügt hinzu: „Da existiert ein genauer Gartenplan. Aber wie sich die Bäume und Pflanzen entwickeln, hängt ab von der Pflege, dem Verhalten von Käfern und Insekten, vom Wetter, also von vielen unvorhersehbaren Wechsel- und Folgewirkungen".

Wichtig sei es, die verschiedenen Zugänge – auch neue - zum vielfältigen Garten zu achten, einen gewissen Überblick zu behalten, offen für neue Entdeckungen sowie selbstkritisch zu bleiben.

„Und welche Rolle kann dabei ein Gott spielen? Ist er nur ein Zaungast?" schmunzelt Anni, als wenn sie Großvater bei einem Ablenkungsmanöver ertappt hätte. Der kommt jetzt – endlich?! – zum Kern ihrer Eingangsfrage. Gott sei für ihn kein Lückenbüßer des Nicht-Wissens oder des Noch-Nicht-Wissens, sondern eine allumfassende, schöpferische, letztlich unbegreifliche All-Wirklichkeit.

Bei diesen Sätzen denkt Großvater an den Apostel Paulus, der in seinem Brief an die Gemeinde zu Rom über Gott geschrieben hat „Denn von ihm und durch ihn und zu ihm sind alle Dinge. Ihm sei Ehre in Ewigkeit".

Aber auch davon war der Großvater überzeugt:
Gott lasse sich nur durch den Glauben an Gott entdecken. Deshalb schlug er Anni vor, gemeinsam mit ihr

sich demnächst mit der Person Jesus zu beschäftigen, da man dann noch mehr über das Geheimnis Gottes, seine Liebe und Wahrheit, über den letzten Sinn und die letzte Geborgen erfahren könne.

Und vielleicht auch die frohmachende Gewissheit des Glaubens an den Gärtner, der zugleich Eigentümer des Lebens sei, „geschenkt bekommt".

Karneval

Teufel verscheuchen

Anni und ihr Großvater lesen gemeinsam den Artikel:

Den **Teufel** sollte man lieber verscheuchen. Er nimmt sich so schrecklich wichtig, wertet andere ab, grenzt sie aus und vergiftet das Klima.
Vor allem kennt er keinen Humor, ist bierernst und bitterernst, wirkt muffelig und gelangweilt. Als Engel verkleidet öffnet er die Hölle. Doch wer will mit Höllenqualen leben?

Einen **Engel** sollte man lieber bei sich haben. Er hat Verständnis, wenn der aufgestaute Dampf der Verletzungen ein Ventil braucht, um abgelassen zu werden. Auch dass es im Leben Masken geben muss, um eigene Schattenseiten zu verstecken oder sie selbst in der Fratze zu entdecken.
Vor allem liebt ein Engel die Wahrheit, hält einem Menschen liebevoll den Spiegel vor, so dass er sein Status-, Titel-, Macht- und Erziehungsgehabe, aber auch seine unbegründeten Ängste wahrnehmen kann.
Ein Engel - als „Teufel" verkleidet – verschließt die Hölle. Er fliegt über die Abgründe der Hölle hinweg, indem er sich selbst leicht nimmt und den Überblick gewinnt:

Seine Geschaffenheit, seine Vergänglichkeit, seine Unvollkommenheit wahrnimmt, um wieder neu zu sich selbst und zum Mitmenschen zu finden, frei zu sein, sich weiter zu entwickeln.

Auf der Bühne des Karnevals des Lebens tummeln sich Teufel und Engel; manchmal tauchen auch **Clowns** auf.

Einer von ihnen haut ordentlich auf die Pauke, verdreht anderen das Wort im Mund, spricht aber bei Ungerechtigkeiten, wenn andere den Mund halten. Er steht Kopf und stellt die Dinge auf den Kopf. Er haut auf die eigenen Schenkel und lacht über sein eigenes Misslingen. Dann macht er Luftsprünge und fällt auf die Knubbelnase. Und steht wieder auf.

Seine einzigartige Macht beginnt, wenn ein (Möchtegern-, Schein-) Mächtiger sich ertappt fühlt, sich die Augen reibt, weil er Bekanntes, sich selbst im Clown wiederfindet.
Und dann (vielleicht?) anfängt, den Teufel in seinem Inneren zu vertreiben, um seinen Engelgefühlen eine Chance zu geben: Nicht alles auf die Goldwaage zu legen, wenn ein anderer ins Fettnäpfchen tritt. Nicht ständig auf moralischen Stelzen daherkommen und anschließend anderen die Schuld in die Schuhe schieben, wenn er Schiffbruch erlitten hat. Sich nicht länger auf Kosten anderer amüsieren und über seine eigene Wichtigtuerei schmunzeln.

Gott jedenfalls wird bestimmt ein Auge zudrücken und über seine Geschöpfe nicht nur den Kopf schütteln. Er kennt den Sinn „sinnlosen Treibens". Vielleicht lacht er herzhaft über die Engel, Teufel und Clowns, über Spaß- und Witzemacher. Auf jeden Fall über die kleinen und großen Mächtigen, die eigentlich nichts zu lachen haben und denen am Ende das Lachen vergeht. Es sei denn, dass sie die innere Freiheit gegenüber dem Ernst des Lebens gewonnen hätten.

Kinderevangelium

Überglückliche Eltern

Anni und ihr Großvater lesen gemeinsam den Artikel:

Überglückliche Eltern: Ihren „süßen Engel", ihren „niedlichen Fratz" haben sie einfach lieb. Auch oder gerade weil er eigene Bedürfnisse, eigene Gefühle hat sowie eigene Zeiten und ein eigenes Tempo kennt, manchmal stressig sein kann.

Viele Eltern wissen: Ihr Winzling ist schutzlos, wehrlos und von ihnen abhängig. Und Eltern haben Erwartungen und eine tolle Einstellung: Das Kind soll keine Projektionsfläche eines Optimierungswahns werden, auch keine Marionette irgendeiner neunmalklugen Pädagogik. Ihr Kind, das kein Mitspracherecht bei seiner Geburt hatte, wird so angenommen wie es ist.

Ihr Kind braucht sie. Aber brauchen Eltern auch ihr Kind?

Eltern, die das Beste für ihre Kinder wollten, brachten einmal ihre Kinder zu einem Mann, von dem sie nur das Beste gehört hatten. Möglicherweise kann ja der Wanderprediger, so dachten sie wohl, seine magischen Kräfte auf ihre Liebsten übertragen, wenn er sie anrührte. Die Freunde des Predigers jedoch kannten Jesus besser: Er war kein Magier oder Zauberer.

Also wiesen sie die Eltern zurecht.
Doch statt Lob für ihr „korrektes Verhalten" ernteten die Freunde Jesu scharfe Kritik: Jesus blieb seiner Ver-

kündigung von der bedingungslosen Liebe Gottes treu; kritisierte nicht die Eltern mit ihrer „falschen Erwartung" ihm gegenüber; sondern seine Freunde mit ihrer „dogmatischen Korrektheit": *„Lasset die Kinder zu mir kommen und wehret ihnen nicht; denn solcher ist das Reich Gottes."* Dann fügte er noch etwas ganz Besonderes hinzu: *„Wer das Reich Gottes nicht empfängt wie ein Kind, der wird nicht hineinkommen."* Und schließlich segnete er noch die Kinder.

Kinder als Vorbilder für Erwachsene?

Da gibt es spontane Bedenkenträger:
Kinder könnten doch – übrigens wie Erwachsene – trotzig und dickköpfig sein.
Aber können Kinder nicht auch „noch" richtig staunen, sich spontan freuen und Vertrauen haben? Elementar Denken und sich unverblümt direkt verhalten – nicht immer zur ganz großen Freude der Eltern?

„Wie die Kinder werden" (Jesus) meint sicherlich nicht, dass Erwachsene kindisch oder albern werden sollten. Sich künstlich zurück zu entwickeln. Sich hinter der Großen Schwester zu verstecken - hinter einem Dogma oder einer Moral, einer Institution oder der Gesellschaft, um nicht die eigene Verantwortungwahrnehmen zu müssen. Auch nicht, sich unkritisch zu verhalten, einfach nachzuplappern, was Papa oder Mama – die Lehrer, Erzieher, Journalisten, Politiker, Würdenträger – einzuflüstern versuchen. Oder zu petzen – tratschen und klatschen -, um sich selbst ins „rechte Licht" zu setzen.

Erwachsene können vielmehr lernen „wie Kinder" anzunehmen, sich zu entwickeln, dazuzulernen, sich überraschen zu lassen, sich zu freuen, eben zu reifen mit vielen Neuanfängen ohne Ende.

Kinder zeigen darüber hinaus beispielhaft, dass alle Menschen klein vor Gott sind, den sie brauchen, da nichts im Leben selbstverständlich ist.

Leider gibt es auch kriminellen Missbrauch: Wer als Erwachsener die Verantwortung vor Gott, die er für die Kinder trägt, missbraucht, indem er den Kleinen ein Ärgernis ist, dem wünscht Jesus einen Mühlstein an den Hals (Matthäus 18), also konsequente Strafe.

Wer jedoch seine persönliche Verantwortung für das Geschenk des Himmels im Geist der Liebe vor dem Liebhaber des Lebens wahrnimmt, kann glücklich sein – wie überglückliche Eltern.

Kirche

Cooles oder uncooles Gefäß?

Ist sie wirklich „voll uncool"? Das meint jedenfalls Annis Freundin. Doch Anni überlegt noch: „Opa, wozu ist denn Kirche da?" Der Großvater, der neben Anni auf einer Parkbank sitzt, erzählt ihr ein Gleichnis:

Am Rande eines großen Parks, in dem sich viele durstige Menschen befinden, stehen fünf Gefäße. Das eine Gefäß ist ein schöner Hingucker. Doch wenn man hineinsieht, herrscht gähnende Leere. Das zweite Gefäß, auch verziert, ist voll mit Gesetzesbüchern, Moralfibeln und Formularen. Beim genauen Hineinsehen starrt dem Betrachter trostlose Lehre entgegen. Das dritte Gefäß, auf dem ein Kreuz gemalt ist, ist gefüllt mit Wasser. Eine Person, die an die durstigen Mitgeschöpfe im Park denkt, nimmt das Gefäß und geht zu ihnen hin. Unterwegs verliert das Gefäß jedoch eine Menge Wasser, weil es viele Löcher hat. Ein viertes Gefäß ist wie das erste Gefäß leer, aber ganz schlicht. Eine Person, die selbst durstig ist, nimmt es, geht zur benachbarten Quelle und schöpft aus ihr Wasser. Doch das ist nicht leicht, da das Gefäß keinen Boden hat. Und es macht auch keinen Sinn, es weiterzureichen. Ein fünftes Gefäß, nur mit einem Kreuz versehen, ebenfalls leer, aber ohne Löcher und mit festem Boden, wartet auf einen Menschen, der eine Quelle mit sprudelndem Wasser sucht.

Anni muss ihren Kopf anstrengen, um das Gleichnis zu verstehen: Klar, Gefäße sind hilfreich, um Wasser aus einer Quelle zu schöpfen. Unabhängig von ihrem Äußeren müssen Gefäße jedoch leer sein oder erst entleert werden. Und auch „dicht" sein.

Ob Großvater die Kirche mit einem Gefäß vergleicht? Mit einem leeren, zu vollen, zu löchrigen oder gar bodenlosen? Ob es Kirche überhaupt als ein ideales Gefäß gibt?

„Und wie finde ich die Quelle, Opa?"

„Stell dir vor", so Großvater, „ein Mensch vertraut der Botschaft Jesu, dass Gott alle Menschen ohne Bedingungen und ohne Vorleistungen liebt, jedem eine unverlierbare Würde schenkt und nur schöpferische Neuanfänge kennt. Wird dessen Herz nicht mit Freude gefüllt?"

Aus der Quelle dieser biblischen Botschaft könne ein Mensch schöpfen, den wegweisenden Kompass Jesu kennenlernen, um Orientierung und Halt für den Lebensweg zu finden. Und wenn er dann ein Netzwerk von Gläubigen knüpfe, in dem sich Menschen gegenseitig wertschätzen und unterstützen sowie sich gemeinsam auf die Suche nach dem aktuellen Willen Gottes machten, dann sei ein Mensch nicht allein unterwegs.

Und zudem werde auch das Herz dieser Gemeinschaft so gefüllt sein, dass auch Verantwortung für die Welt wahrgenommen werde, das geschenkte Wasser, das Leben ermögliche und erneuere, weiterzugeben.

Und wer könnte dieser Mensch sein? fragt Anni neugierig. „Alle, die aus dieser Quelle trinken. Und sei es nur einen Tropfen". Jeder sei dann ein sichtbares – wenn auch zerbrechliches und nie fertiges – Gefäß der un-

sichtbaren – jedoch unvergänglichen und vollkomme-
nen – Liebe Gottes.

Prompt merkt Anni an: „Wenn ich an die Botschaft Jesu
glaube - und sie erlebe und sie vielleicht sogar vorlebe,
dann bin ich Kirche?! Und zugleich ein Gefäß Gottes?!
Das ist ja voll cool!".

Kommunikation

Gerede oder Rede?

Ein Bewohner erzählt „schlimme Dinge" über einen anderen Bewohner: „Ein unmöglicher Kerl. Den kann man in der Pfeife rauchen. Der zieht uns mit seiner Seilschaft über den Tisch." Auch Anni, die gerne diskutiert, muss sich diese heißen Sprüche anhören. Wie soll sie sich verhalten? Verstockt schweigen, um nicht missverstanden zu werden? Verlegen lächeln, um Zähne zu zeigen? Nach dem Munde reden, um Ruhe zu haben? Anni verspürt, dass die Atmosphäre im Haus vergiftet ist.

„Opa, was sagst du dazu?" fragt sie ihren Großvater unter vier Augen. Der hat auch keinen Bauchladen mit Patentrezepten umgeschnallt. Der weiß, dass es kein Geheimwissen gibt, dass jeden Nebel lichtet. Dass die nächste Enttäuschung gleich um die Ecke wartet. Dass jede Situation verschieden und ihre Entwicklung unvorhersehbar ist.

Aber Großvater hat einen Schatz von Lebenserfahrungen, der Anni wichtig ist. Als Inhalt des Schatzes bei „Gerede" nennt Großvater verschiedene „Prüfsteine". Anni hört aufmerksam zu.

Erster Prüfstein: „Ist ein *direktes Gespräch* geführt worden?"
„Wenn dir jemand etwas „Unmögliches" über einen „unmöglichen" Menschen berichtet, dann frage ihn, ob er mit dem Betroffenen schon selbst gesprochen hat", meint Großvater. Denn im direkten Gespräch könnten

Missverständnisse aufgeklärt werden, überraschende Erklärungen oder auch Entschuldigungen helfen, neue Wege des Umgangs miteinander zu finden. Über einen Mitmenschen hinter seinem Rücken herzuziehen und ihn auszugrenzen versuchen, sei einfach, unfair und feige und zerstöre auf Dauer jede Gemeinschaft.

<u>Zweiter</u> Prüfstein: „Ist die *andere Seite* gehört worden?"
Das sei wichtig, um selbst nicht zum Instrument oder Wasserträger einer Seite missbraucht zu werden und ungerecht zu sein. Um vor allem unabhängig und selbstständig herauszufinden, ob die „schlimmen Dinge" wahr seien oder ob es sich nur um Lügen- oder Lästergeschichten handele.
Auch könne es sich um einen Wahrnehmungskonflikt ohne böse Absicht handeln. Und Verständnis könne nur derjenige entwickeln, der einen fairen sowie verstehenden Blick durch die Brille des anderen wage.

<u>Dritter</u> Prüfstein: „Ist die *Verhältnismäßigkeit* gewahrt?"
Übertriebenes Reden ohne Maß und Mitte sei vergeudete Lebenszeit. Denn es gebe auch Dinge im Leben, die man tolerieren könne, auch wenn man selbst einen anderen Geschmack habe. Ein toleranter
Rosenliebhaber könne auch mit Tulpen im Garten leben. Und ein toleranter Tulpenfan auch mit einer Rosenecke. „Warum sollte man sich dann bis aufs Blut streiten, aus einer Mücke einen Elefant machen oder wie ein Elefant durch den Garten laufen? Und mit der Lupe das Haar in der Suppe suchen, das man durch sein ständiges Kopfschütteln selbst hineinbefördert hat"? fragt Großvater.

<u>Vierter</u> Prüfstein: „Wer ist *Nutznießer*"?

Welche Absicht könne hinter dem „Gerede" stehen? Handele es sich um eine Intrige oder um eine Instrumentalisierung für eigene Zwecke? Um ein bewusstes Täuschungsmanöver, um von sich selbst abzulenken? Suche jemand gar keine Lösungen, sondern nur persönliche Anerkennung oder Macht? Sei er vielleicht selbst das Problem?

Natürlich stellt Anni viele Rückfragen. Und Großvater weiß auch nicht immer Rat. Aber sie denken beide gemeinsam nach, um Rückwege aus der Sackgasse des „Geredes" zu finden. Um in den Häusern dem gegenseitigen Respekt sowie der Gesprächs- und Verantwortungskultur größere Chancen zu geben.

Kompass

Persönliche Verantwortung

Anni und ihr Großvater lesen gemeinsam den Artikel:

„Wozu brauchen Menschen einen Kompass?!" empörte sich eine junge Frau. „Ich selbst habe immer ein iPhone griffbereit und sogar ein Navi im Auto." „Entspann dich", antwortete ihr Freund und klärte das Missverständnis auf: „Ich spreche von einem inneren Kompass."

Die Frau, die eigentlich eine Selfmade-Person war – früher sprach man vom „Schmied eigenen Glücks" – stocherte gerade im Nebel vieler Fragen, suchte im Dschungel ihrer Gefühle Auswege und verspürte in der Wüste ihrer Ohnmacht eine innere Einsamkeit.

Auch hatte sie die Nase voll vom Theaterspiel der vielen Macht- und Gutmenschen, der Wölfe im Schaftspelz sowie der Büßer in Amtstrachten. Hinter dem Vorhang hatte sie zu häufig die Häutungen der Schauspieler im Gewand des Gemein- und Gruppenwohls erlebt, ihre vorgespielte moralische Überlegenheit sowie unbegründete Unantastbarkeit. Wenn jemand wagte, sie vor dem Vorhang zu kritisieren oder wenn ihre Maske vom Gesicht auf den harten Boden gefallen war, dann reagierten sie übertrieben empfindlich und empört – unerträglich!

Kann dieser Frau das Angebot eines „inneren Kompasses" weiterhelfen?

Auf dem Markt der Hilfs- und Sinnangebote gibt es eine Fülle von Ratgebern, moderne Kochbücher mit einfachen Rezepten, alte Gesetzesbücher mit kantigen Ge- und Verboten, religiöse Erziehungsbücher mit einengenden Korsetts. Und zudem kann sich jeder auch im Internet schlau machen.

Doch auf dem Markt tummeln sich immer mehr Akteure, die platt argumentieren, indem sie Andersdenkende ungeniert anpöbeln, dämonisieren oder in eine Schublade voller Vorurteile stecken. Und manche Suchende fallen auf die Rattenfänger mit ihrer schönen Rhetorik herein.

Welcher Kompass könnte die Wende bringen – zur neuen Lebensbejahung, zur neuen Lebensgestaltung, zum neuen Lebensglück?

Kann ein Kompass des Wissens, des Gewissens und der Reflexionen befähigen, das Leben kompetenter, selbstständiger und eigenverantwortlicher zu führen?

Mehr noch: Ein „äußerer Kompass" weist auf unsichtbare Magnaströme im Erdinneren hin; ein „innerer Kompass" auf die unsichtbaren Lebensströme in aller Rationalität und Emotionalität.

Gibt es einen Lebenszusammenhang zwischen „innerem" und „äußerem" Kompass?

Der Gottes- und Christusglaube, der auf die unsichtbaren Lebensströme hinweist, schenkt dem Menschen zwar kein Navi, das ihm eigenes Denken oder gar Lebensentscheidungen einfach abnimmt oder vorgibt,

wohl aber einen „ganzheitlichen" Kompass der persönlichen Verantwortung vor Gott *und* dem Nächsten - in
einer konkreten Situation, um sein Leben bewahren und
erneuern sowie mit neuer Energie füllen zu können.

Wer ihn in die Hand nimmt, weil er keine Marionette
seiner Gefühle oder Gedanken sein will, kann vom
Gottvertrauen „beflügelt", d.h. gewisser und gestärkt
werden, Wege der Vernunft aus dem Nebel und dem
Dschungel zu suchen.
Und findet in seiner Wüste eine unsichtbare Quelle
schöpferischer Kraft, befreiender Liebe und neuen Lebens.

Kopftuch

„Muss ich ein Kopftuch tragen?"

Anni und ihr Großvater fahren zum ersten Mal mit dem Zug in eine große Stadt. Das aufgeweckte Kind ist gerne auf Entdeckungsreise. Schon am Bahnhof fällt Anni das bunte, aber auch unbekannte Leben auf.

Ein alter Mann, der einen dicken Bart trägt, eilt mit seiner jungen Frau vorbei, deren Gesicht mit einem Tuch eingerahmt ist, so dass man kein einziges Haar sehen kann. Anni fragt wissbegierig ihren Großvater: „Opa, warum trägt die Frau ein Kopftuch?" Der Großvater, der bei dem Geschiebe und Gedrängle andere Sorgen hat, antwortet nur kurz: „Weiß ich nicht genau. Hat etwas mit ihrer Kultur zu tun." Anni gibt sich jedoch mit der Antwort nicht zufrieden. „Warum trägt denn ihr Mann kein Kopftuch? " Der Großvater scheint jetzt ein wenig genervt zu sein: „Weiß ich auch nicht. Das hat wohl etwas mit der Religion zu tun." Anni denkt kurz nach, dann sucht sie fast ungläubig die Augen des Großvaters: „Macht denn Gott Unterschiede zwischen Mann und Frau?" „Wir müssen jetzt den Bus erreichen", versucht der Großvater abzulenken. „Später können wir darüber sprechen".

Doch Anni lässt nicht locker: „Muss ich später auch ein Kopftuch tragen?" Da fällt dem Großvater doch eine „gute Antwort" ein. „Wenn du eines Tages in den Iran oder nach Saudi Arabien fährst, dann musst du ein Kopftuch tragen." „Sind das die Länder", erwidert Anni, „in die Mama auf keinen Fall reisen will?"

Was Anni gefragt und beobachtet hat, beschäftigt den Großvater dann doch. Er macht sich zu Hause schlau.

Ist das Kopftuch ein Zeichen einer „*tugendhaften*" Frau, die sich von anderen Frauen abgrenzt? Sind Frauen, die kein Kopftuch tragen, „ehrlos"?

Ist das Kopftuch ein Zeichen einer „*geschützten*" Frau, die vor Männern, ja vor sich selbst geschützt werden muss, damit sie männliche Phantasien nicht provoziert? Ist eine Frau nur ein sexuelles Objekt, ein Mann nur ein triebhaftes Subjekt?

Ist das Kopftuch ein Zeichen einer „*gehorsamen*" Frau, die keine „widerspenstigen" Fragen stellen darf, wenn Männer den Koran wörtlich verstehen, um ihre Macht in der Ehe und Familie nicht zu verlieren oder auf Augenhöhe teilen zu müssen? Darf die Frau nicht selbst bestimmen, was sie auf dem Kopf trägt und was sie im Kopf denkt, sich nicht selbst bestimmen?

Oder sollte das Kopftuch ein Zeichen einer „*freien*" Frau sein, die sich nicht mit den Versuchungen der modernen Welt auseinandersetzen will (und darf)?

Viele Fragen für den Großvater. Aber er weiß, dass echte Freiwilligkeit aus Einsicht und ohne Droh- und Angstkulisse sowie bevormundenden Zwang wichtig ist.

Und dass es zur unantastbaren und kulturell unverhandelbaren Würde aller Menschen sowie zur individuellen Selbstbestimmung gehört, das Kopftuch ablegen zu können oder nicht aufsetzen zu müssen – integriert in eine Kultur der Freiheit und der Gleichberechtigung.

In der sowohl Anni als auch ihr Großvater, die Christen sind, als auch muslimische Mitbürger sowie religionslose oder auch atheistisch eingestellte Menschen leben – im Rahmen der Rechts- und Werteordnung, die für alle gilt, gemeinsam und friedlich, frei und selbstbestimmt.

Licht

Lichtblick einer Kerze

Anni und ihr Großvater lesen gemeinsam den Artikel:

Eine kleine Kerze flackerte im großen Lichtermeer. Eines Tages lebte sie an einem Strand, der schön gestaltet war, aber auch viele windige Ecken hatte. Manchmal verdunkelte sich ihr Lebensraum und es herrschte Finsternis. Dann wurde es kälter und unheimlicher. Vor allem Neid, Angst, Gier, Lüge und Zwietracht sowie Gemeinheiten trieben ihr Unwesen. Die kleine Kerze störte, weil die Finsternis nicht ins „Zwielicht" geraten, sondern selber „Licht", unerkannt bekannt und anerkannt und vor allem erfolgreich sein wollte.

Doch das Licht, das leuchtete, weil es ein Licht war, selbst Lichtscheue nicht blendete, aber sie auch nicht verklärte, ließ sich nicht neutralisieren oder instrumentalisieren. Es brannte still, manchmal auch lauter, vor sich hin, drang in die Dunkelheit vieler Lichter immer mehr hinein und konnte nicht übersehen werden.
Die dunklen Gestalten jedoch, die als Lichtgestalten auftraten, fassten einen düsteren Plan: Das Licht muss weg, entweder muss es ins helle Schaufenster gestellt oder in der bedeutungslosen Rumpelkammer versteckt werden.

Eines Tages gelang es den Irrlichtern - anders als ursprünglich geplant -, die kleine Kerze, die sich nicht hinters Licht führen ließ, zu löschen.
Traurig und einsam, ohne zu brennen, lebte sie wieder im Lichtermeer. Schuld- und Ohnmachtsgefühle quälten

sie. Hatte sie etwas falsch gemacht? Sollte diese Sinnlosigkeit alles gewesen sein?

Eines Nachts hörte sie die Botschaft von einem Licht, das neue Freude schenken könne. War das nur eine weitere Nebelkerze, ein großes Täuschungsmanöver?
Erst neugierig, dann immer mutiger und vertrauensvoller näherte sie sich diesem Licht. Als sie in seiner Nähe erst etwas, dann immer mehr Geborgenheit verspürte, wichen langsam ihre Zweifel und ihre Ängste, auch ihre Wut und ihre Bitterkeit. Als sie dann sogar in diesem Lichte ihre Würde wiederentdeckte, bemerkte sie, dass es in ihr und um sie herum wieder wärmer und heller wurde.

Und sie begriff: Die Botschaft von Christus als dem Lichtträger Gottes war auch für sie ein göttlicher Lichtblick, der sie neu entzündet hatte, mitten im Lichtermeer mit den vielen Schatten und Grauzonen - jedoch nicht zu übersehen, sogar spürbar erfahrbar.
Und sie fing an, wieder fröhlich zu flackern und Licht für andere zu sein.

Macht

Wenn ein Mächtiger dicht macht

Anni und ihr Großvater lesen gemeinsam den Artikel:

Ist Andreas Klein kein Mensch? Hat er nicht auch wie alle anderen Menschen eine unantastbare Würde? Selbst wenn er sich würdelos verhalten haben sollte?

Dennoch macht der Mächtige dicht, verschließt die Tür, verweigert ein Gespräch, hört kein Klopfen und kein Klingeln, antwortet auf keine E-Mails und keine Briefe.

Ob Andreas Klein – der Name ist ausgedacht – ihn auf den Fuß getreten hat, bewusst oder unbewusst? Ob der Mächtige ihn für zu unbedeutend hält, dass er ein Gespräch mit ihm als Zeitverschwendung ansieht? Ob er nicht in sein Beuteschema passt, da er ihm nicht (mehr) nutzt, sondern vielleicht (noch) mehr schadet?

Viele Fragen schwirren durch den Kopf von Andreas Klein. Was hat er dem Mächtigen getan? Macht er ihm Angst? Oder ist er ihm einfach zu unbequem, weil er ein unabhängiger und kritischer Geist ist?

Aber was ist, wenn der Mächtige, der es in der Hand hat, Türen zu neuen Räumen zu öffnen oder zu verschließen, selbst in die Situation kommt, kein Gehör zu finden? Wenn kein Jammern oder Anklopfen hilft, weil die Noch-Mächtigeren seine Signale nicht wahrnehmen (wollen)?

Andreas Klein versteht die Welt nicht mehr:

Der eiskalte Türverriegler propagiert die offene Tür.
Der eitle Zugeknöpfte kann anderen gegenüber freundlich und höflich sein.
Der abgehobene Oberlehrer klärt andere über polarisierende und spaltende Giftpilze auf.
Der arrogante Richter spielt gleichzeitig den Anwalt des guten Geschmacks und der Fairness.

Der kleine Klein bekommt eine große Gänsehaut:
Die praktische Unkultur der Scheinheiligkeit scheint in der theoretischen Kultur der Liebe zu gedeihen. Viele Feigenblätter des äußeren Scheins versuchen die Unkultur der Machtkämpfe zu schützen.
Schöne Seifenblasen in Form menschlicher Worte dienen als Beruhigungsmittel und täuschenden Schein.
Wollen Menschen wirklich betrogen und über den Tisch gezogen werden?

Warum bleibt der Mächtige verschlossen? fragt sich Andreas Kleinerneut. Ob er die Ketten seiner Selbstgerechtigkeit zerreißen kann? Oder hat er sie bereits als Sklave seiner Selbstverliebtheit zerrissen und ist auf der Flucht vor sich selbst?

Auch der Mächtige ist nur ein Mensch – geschaffen und vergänglich, unvollkommen und fehlerhaft, ängstlich und hoffnungsvoll, im Lebenskampf mal vernünftig, mal unvernünftig, empfindlich und zugleich gefühlslos, lernbereit und dann wieder stur. Und immer hängt seine Würde an einem goldenen Faden.
Wenn da nicht der Stachel des Glaubens im Fleisch aller Kämpfe wäre: Die bedingungslosen Liebe Gottes, die für Mächtige und Ohnmächtige gilt.

Aber in jedem ohnmächtigen Menschen wahres Leben in innerer Freiheit und unverlierbarer Würde bewirken kann.

Mode

Kniefreiheit

Anni und ihr Großvater lesen gemeinsam den Artikel:

Kim ist von prickelnder Schönheit. Mit ihren grünblau-
en Augen, die verführerisch wirken, strahlt sie einen
Kunden an. Charmant lächelnd fragt sie ihn: „Was kann
ich für sie tun?" Der Blick des gestressten Anzugträgers
wird auf ihre Jeans gelenkt. „Warum trägt sie Jeans mit
Knieschlitzen?" schießt es ihm durch den Kopf. Dann
konzentriert er sich auf sein Anliegen.

Später beschäftigen ihn wieder die Knieschlitze. Welche
Bedeutung könnten sie haben? Klar, wichtiger als
scheinbar unfertige Klamotten sind innere Werte. Einen
eigenen, wenn auch ausgefallenen Stil zu haben, ist besser, als sich einem Modediktat einfach zu unterwerfen.
Vor allem kann eine Kleidung doch nicht die Persönlichkeit und Kompetenz eines Menschen ersetzen! Und
ein jugendliches Outfit mit verspielter Unangepasstheit
ist sicherlich einem finsteren Outfit, das Angst macht,
vorzuziehen. Und hat sich nicht die emanzipierte Frau
des 19. Jahrhunderts vom Korsett befreit, damit ihr
befreiter Körper frei atmen kann und einengende Be-
kleidungsvorschriften aus der Mode kommen?

Könnte die heutige Kniefreiheit eine neue Kampfesan-
sage sein - mit dem Kampfesruf „Ich bin so frei, belie-
big und unangepasst zu sein." Aber andererseits: Kann
das Unfertige nicht auch zum bevormundenden Gesetz
und die Trägerin zur Sklavin eines lockeren Trends werden?

Schließlich: Ist es wirklich klug, auf öffentlicher Bühne immer die Kleidung zu tragen, die einem selbst gefällt – unabhängig vom Anlass und einer Zielgruppe?

Kleidung kann eine Augenweide, aber auch eine Beleidigung für die Augen sein. Sie redet ohne Worte. Manchmal verkündet sie die Botschaft, zu einer Gruppe dazuzugehören oder sich von anderen unterscheiden und abgrenzen zu wollen.

Und Kims Jeans? Vielleicht legt sie unbewusst die Finger in eine unsichtbare Wunde (der Seele), indem sie eine sichtbare, vorgetäuschte Wunde (der Kleidung) zeigt. Denn bleibt ein Mensch angesichts von Optimierungs-, Perfektions- und Selbstdarstellungssucht nicht dennoch oder gerade deshalb voller Risse, unfertig und unvollkommen?

Und so könnte die liebenswürdige Kim auf Risse hinweisen, die durch jeden Menschen gehen; jedoch durch Vernunft sowie Barmherzigkeit geheilt werden können.

Muttertag

Mütter ehren?

Ist der Tag nur eine Einladung zum leeren Gerede mit goldenen Worten, zum lästigen Getue mit vorgespielten Gefühlen, zum kindischen Gebaren mit billigen Pralinen?

Anni denkt da ganz anders. Für sie ist der Muttertag kein Tag gehässiger Ignoranz, sondern ein Tag der frohmachenden Dankbarkeit, an dem ihr Herz besonders stark schlägt: Immer noch staunt sie über die nicht selbstverständliche Liebe ihrer Mutter, wie sie gemeinsam Ängste aushalten, wie „Mama" sie zu verstehen versucht, tröstet und ermutigt, sie gegen unberechtigte Angriffe verteidigt, über Höhen hinweg und durch Täler hindurch begleitet und sie immer selbstständiger und unabhängiger wird.

Anni weiß, dass nicht alle Jugendlichen so denken. Ihr Herz friert und fröstelt, wenn sie an ihre Freundin denkt, die ihre Mutter als „ungerechte Kuh" bezeichnet, die ihre Lieblinge habe und ihr selbst zu wenig Aufmerksamkeit schenke. Oder ein Klassenkamerad, der seine Mutter als „bevormundende Glucke" wahrnimmt, weil sie sich um alles kümmere und ihm keine Freiräume lasse. Oder ein Mitschüler, der von einer „grauen Maus" spricht, die kein Rückgrat bei Erziehungsfragen habe und nur nach der Pfeife des „cholerischen Erzeugers" tanze. Annis Herz überschlägt sich, wenn sie an die „Supereltern" denkt, die für das Kind jeden Tag durchgetaktet haben, um nur nichts falsch zu machen, um nur nichts Gutes – das Beste erscheint gerade gut genug – für das Kind zu verpassen.

Aber es gibt im Bekannten- und Freundeskreis von Anni nicht nur schlechte Noten für Mütter und Eltern. Ihr wird heiß ums Herz, wenn Freundinnen von ihrer Mutter und ihrem Vater sprechen, die ihre Kinder nicht als Projektionsfläche ihrer eigenen Erwartungen betrachten, nicht als Marionetten einer bestimmten Pädagogik, auch nicht als Glückskiller eigener Verwirklichung. Sondern als sinnstiftende Bereicherung und als verantwortungsvolle Aufgabe ihres Lebens - selbst im Bermudadreieck von Beruf, Haushalt und Kind.

Auch in diesen Familien gibt es feste Termine, die jedoch flexibel bleiben. Vor allem verbringen Eltern mit ihrem Kind gemeinsame Zeit. Und in den „einfachen Dingen" wie Malen, Basteln und Backen, Lesen und Verfassen von Reimen, Spaziergehen im Park um die Ecke, Besuch eines Gottesdienstes steckt ein gemeinsames Erlebnispotential.

Und der Muttertag? Großvater hat Anni erzählt, dass die Amerikanerin und kinderlose Lehrerin Anna Jarvis 1908, am dritten Todestag ihrer Mutter, den ersten Muttertag aus der Taufe gehoben hat, um die Erziehungs- und Lebensleistungen aller Mütter zu würdigen. Damals zeichenhaft mit roten Nelken für alle lebenden und mit weißen Nelken für alle verstorbenen Mütter.

Die Mutter ehren? Für Anni keine Frage, weil sie den liebenden Blick ihrer Mutter verspürt, den sie in ihr Herz wirft, indem sie sie so annimmt wie sie ist, ihr eigenes Tempo ihrer Entwicklung akzeptiert und sie sinnvoll fördert, ihr Selbstvertrauen schenkt. Und weil sie ihr gesagt hat: „Die Tür zu mir und deinem Vater bleibt immer offen, selbst wenn du Mist gebaut hast." Für Anni ein ganz wichtiger Grund, ihr am Muttertag eine Rose zu schenken. Sie weiß, dass sich „Papa" über dieses Zeichen dankbarer Liebe mitfreuen wird – und natürlich auch die Großeltern.

Und es soll sogar Mütter, Väter, Großeltern und Kinder geben, die den Muttertag als Einladung zum Neuanfang und zur Versöhnung verstehen. Und sich damit gegenseitig achten und ehren.

Ostern

Im Auge des Betrachters

Ihre braunen Augen funkeln wie Edelsteine, als Anni ihren Großvater anspricht: „Opa, freust du dich auch auf Ostern?" Ein wenig überrascht blickt er in ihr fragendes Gesicht, lächelt verlegen und schaut dann zu Boden.

Viele Gedanken schwirren ihm durch den Kopf. Ist Ostern mehr als ein Fest der Osterhasen? Er weiß, dass gläubige Christen an diesem Tag die Auferstehung Jesu feiern. Aber er weiß nicht, ob der Glaube an die leibhaftige Auferstehung eines Menschen nicht mehr ein Wunsch als Wirklichkeit ist, Vertröstung und vielleicht sogar ein großes Täuschungsmanöver.

„Aber Opa, was ist los?" Großvater muss Farbe bekennen. „Natürlich freue ich mich auf die Festtage mit unserem Familientreffen." Doch mit etwas traurigem Blick fährt er fort: „Aber ich bin mir nicht sicher, ob der gekreuzigte Jesus wirklich auferstanden ist."

Anni schmunzelt: „Ich auch nicht. Aber eine Geschichte aus dem Reli-Unterricht hat mich nachdenklich gemacht." Und dann erzählt sie vom „Kind im Mutterleib" - kurz vor der Geburt. Das Kind hätte nicht glauben wollen, dass es außerhalb des Mutterleibes, in dem es sich geschützt und geborgen fühlte, noch eine andere und größere Wirklichkeit gebe. Eine Welt zum Staunen und Entdecken, zum Tanzen und Genießen. Auch mit Tränen und Lachen, mit Träumen und Enttäuschungen.

„Und könnte es, Opa, nicht tatsächlich eine Welt geben, in die Jesus hineingestorben - und auferstanden ist?"

Der Großvater, fasziniert von den Ausführungen seiner Enkeltochter, öffnet langsam seine Augen. Und blickt gleichsam in sein Inneres. Ja, es hängt immer vom Auge des Betrachters ab, wenn es um die Frage geht, was Wirklichkeit überhaupt ist, denkt er. Die biblische Überlieferung von der leibhaftigen Auferstehung Jesu müsse nicht deshalb unwahr oder Aberglaube sein, weil sie mehr als ein historischer Bericht ist und die Vernunft mit der „Leibhaftigkeit" provoziert. Großvater denkt noch weiter: Gibt es nicht auch eine Wahrheit, die in Beziehungen entdeckt werden kann?

Doch jetzt fragt er nur: „Anni, warum freust du dich denn auf Ostern?" „Ich glaube nicht, dass Jesus wiederbelebt worden ist oder als Gespenst seinen Freunden erschienen ist. Aber dass er jetzt außerhalb des Mutterleibes lebt und sich in der Welt Gottes aufhält."

Großvater wird immer nachdenklicher. So hat er das noch nicht gesehen. Wenn Gott selbst - durch die Neuschöpfung Jesu im Tod - ihm ewige Gemeinschaft geschenkt hat? Gibt es dann nicht einen wirklich echten Grund zu glauben, selbst eines Tages bei Gott zu sein?

Langsam – oder plötzlich? – fällt es dem Großvater wie Schuppen von den Augen. Auf jeden Fall wächst bei ihm die Gewissheit, dass es einen unvergänglichen Neuanfang am vergänglichen Ende gibt.
Und dass das Fest des Lebens mit Anni und der Familie fröhlich begangen werden kann.

Psalm 23

Gott(ver)trauen?

Kann man Gott (ver-)trauen? Einer hat es beispielsweise gewagt. Und vielfältige Erfahrungen mit Gott gesammelt. Über diese Entdeckungen denken Großvater und sein Enkelkind Anni nach. Überliefert sind sie im 23. Psalm, im Gesangbuch der Bibel.

„Der Herr ist mein Hirte, mir wird nichts mangeln. Er weidet mich auf einer grünen Aue und führt mich zum frischen Wasser. Er erquickt meine Seele. Er führt mich auf rechter Straße um seines Namens willen. Um ob ich schon wanderte im finsteren Tal, fürchte ich kein Unglück; denn du bist bei mir, dein Stecken und Stab trösten mich.“

Ist Gott (wie) ein *„guter Hirte“*, der eine Herde mit unterschiedlichen „Schafen“ zu betreuen hat?
Da flüchtet ein ängstliches Schaf vor dem Wolf und hat doch keine Überlebenschance.
Da heult ein angepasstes Schaf mit den Wölfen und findet im Geschrei selbst kein Gehör.
Da erkennt ein naives Schaf nicht den Wolf im Schafsfell und wird vom Wolf missbraucht.
Da versucht ein übermütiges Schaf den Wolf zu vertreiben und zieht den Kürzeren.
Da hat ein ehrgeiziges Schaf sich innerlich in einen Wolf verwandelt, sich von der Herde entfernt, den Hirten aus dem Auge verloren und sich im Dickicht der Doppelmoral verstrickt.

Die Reaktion des „guter Hirten“ ist erstaunlich. Er erhebt keine Vorwürfe, hält keine Moralpredigt, gibt allerdings auch keinen Applaus zu Irrungen und Wirrungen. Er schickt nicht seine „Hunde", seine Freunde und Würdenträger, um die Schafe zu disziplinieren. Er ermöglicht vielmehr allen Schafen eine „grüne Aue" und „frisches Wasser", ein neues, ein erfülltes und gefülltes, schönes und quicklebendiges Leben. Ob Schafe und Hunde das als „selbstverständlich" ansehen?

Der „gute Hirte" – das ist etwas Besonderes, ja Göttliches – bleibt stets glaubwürdig, geht sogar in die Offensive, in dem er seine Herde auf die „rechte Straße" führt, wo befreites und freies, vergebenes und versöhntes Leben eine neue Chance bekommt sich zu entwickeln.

Und wenn auf dem Lebensweg Täler durchschritten werden müssen und sich Abgründe auftun, muss ein Beter – wie der Psalmbeter – nicht hoffnungslos in die Knie gehen, sondern kann versuchen weiterzugehen, weil der „gute Hirte" für ihn da ist, ihn mit seinem Wanderstab verteidigt, wenn es sein muss. Und ihm Trost und Zuversicht durch seine Gegenwart spendet.

„Du bereitest vor mir einen Tisch im Angesicht meiner Feinde. Du salbest mein Haupt mit Öl und schenkest mir voll ein. Gutes und Barmherzigkeit werden mir folgen mein Leben lang, und ich werde bleiben im Hause des Herrn immerdar."

Ist Gott auch (wie) ein „*guter Gastgeber*", der seine Gäste, die Betenden, ohne Bedingungen zu sich einlädt, auch wenn „die Feinde", die sich selbst weiden und bedienen, lästern und spotten mögen; ein Gastgeber, der vor allem die Würde seiner betenden Gäste achtet und ihnen unverdiente Geschenke macht?

Gott als „guter Hirte" und zugleich „guter Gastgeber" lässt sich von wolfsartigen Zerstörungen und Widersprüchlichkeiten, von lammfrommen Spiegelfechtereien und Maskerade nicht beirren. Er bleibt realistisch, bietet er seinen „Schafen" kein romantisches Schäferstündchen an, dafür aber - mitten in allen Lebenskämpfen - unsichtbaren Schutz, wachsende Geborgenheit, befreiende Gelassenheit und letzten Sinn.

Und Großvater und Anni entdecken wie der Psalmbeter damals „Gutes und Barmherzigkeit", in dem sie in der froh- und neumachenden Gemeinschaft mit Gott ein Leben lang bleiben.

Religionsfreiheit

Der Mehrwert einer Religion

Anni und ihr Großvater lesen gemeinsam den Artikel:

Einer sagte: „Wir glauben doch alle an einen Gott!" Deshalb müssten alle gläubigen Menschen Bündnispartner sein: Alle glauben an einen unvergänglichen Schöpfer, an eine letzte Verantwortungsinstanz und an eine allumfassende Wirklichkeit.

Aber dennoch sollten die unterschiedlichen Vorstellungen über Gott nicht unter den Tisch fallen. Besonders der Jesus- und Christusglaube scheidet die Geister. War er „nur" ein Rabbi oder „nur" ein Prophet? Oder „doch" Gottes Sohn, der auferstandene Gekreuzigte - kein Religionsstifter, sondern Inhalt der christlichen Botschaft; kein Heerführer, sondern Friedensstifter; kein Herrscher, sondern ein Diener, der die Füße anderer gewaschen hat?

Doch der einzelne fragt weniger nach einer Identität als nach einer Spiritualität, die ihm auf den Nägeln brennt: Kann mich mein Glaube, mein Grundvertrauen, durch Krisen und Ängsten hindurchtragen, mich gewisser und froher machen, mir in den Konflikten und Auseinandersetzungen des Lebens Orientierung und Halt sowie Kraft zur Vernunft und zur Menschlichkeit geben?

Seinen Glauben kann der Gläubige öffentlich bezeugen und leben, aber auch befragen und kritisieren. In Deutschland gibt es die **Religionsfreiheit**, die Gewährleistung der „ungestörten Religionsausübung" (Artikel 4

Grundgesetz). Allerdings ist sie *keine kostenlose Eintritts-karte*, um auf dem Spielfeld des säkularen Staates religiös ideologisch oder gar religiös gewalttätig zu agieren. Vorausgesetzt sind stets die Achtung der allgemeinen demokratischen Spiel- und Verfahrensregeln, die Gesetze sowie die persönliche Verantwortung.

Die Religionsfreiheit ist auch *kein Freibrief*, andere Rechtsgüter zu missachten. Jeder muss seine Religion wechseln oder sich von ihr abwenden können, ohne Angst vor Anfeindungen haben zu müssen.

Keiner bekommt mit der Religionsfreiheit eine *Lizenz*, sich über Recht und Gesetz zu stellen – auch kein religiöser Rattenfänger, der eine schöne Vision vom Jenseits vorgaukelt; kein religiöser Sittenwächter, der mit kulturellen Verhaltensweisen andere zu bevormunden versucht; kein religiöser Sittenrichter, der die Welt in Gute und Böse, in Gläubige und Ungläubige einteilt; kein religiöser Marionettenspieler, der seine Mitgläubigen beherrscht, ohne dass sie es vielleicht merken.

Wer diese Freiheit als *gezinkte Karte* missbraucht, um zu täuschen, weil er seine religiöse Ideologie verbreiten und schleichend zum Durchbruch bringen will, unterschätzt überzeugte Demokraten, die Rechtsstaatlichkeit sowie die Werte einer wehrhaften Demokratie.

Denn die angeborene und unantastbare **Würde** eines jedes Menschen lässt sich nicht so einfach instrumentalisieren oder auf Dauer unterdrücken. Die Liebe zur Freiheit in Würde ist stärker als eine totalitäre und intolerante Weltanschauung; Freiheitsliebe ermöglicht aufgeklärte Mündigkeit, eigenes Unterscheidungs- und Urteilsvermögen sowie eigenverantwortliches Handeln.

Die unverlierbare Würde, auch die individuelle Selbstbestimmung in der Frage der Religion, der Vorrang des weltlichen Gesetzes über dem religiösen Gesetz, Gleichberechtigung und Gewaltenteilung, bleiben unverhandelbar.

Wenn Religionsfreiheit im Dienst dieser Würde als pulsierendes Herz der Demokratie steht, werden sich immer mehr Menschen auch für eine Religion öffnen, ihren spirituellen Mehrwert entdecken und Bündnispartner der Würde in Freiheit und Verantwortung sein.

Religionsunterricht

Wozu Reli?

Jeder hat seine eigene Meinung. Zum Glück. „Opa, wie denkst du denn über den Religionsunterricht? Der Vater meiner Freundin hat gesagt, dass Reli nicht so wichtig ist."

Der Großvater kennt die Landschaft mit den verschiedenen Einstellungen zur Religion: Da reitet einer auf flacher Ebene hoch zu Ross und blickt überheblich und uninteressiert auf eine Religion herab. Da sitzt ein anderer im Garten der Religionen und pickt nur die Rosinen heraus, die ihm schmecken und seine Vorlieben bestätigen. Da lässt einer die Hintertür seiner Überzeugung offen, um sich nur nicht auf ein religiöses Profil festzulegen oder bei Andersdenkenden anzuecken. Da macht einer spontan religiöse Seitensprünge, um sein persönliches Glück wenigstens zeitweise in anderen religiösen Weltanschauungen zu finden. Viele gehen den Weg der Denkfaulheit religiösen Inhalten gegenüber, um Liebgewonnenes – religiöse oder unreligiöse Gewohnheiten, die sie geprägt haben – nicht ändern zu müssen.

Und überhaupt: Hat die Dampfwalze „modernen" Denkens das Ärgernis und die Provokation der Religion, aber auch die möglichen religiösen Lebens- und Glaubenshilfen nicht längst platt gemacht, zum Beispiel den Glauben an neues Leben bei Gott durch die Kreuzigung und Auferstehung Jesu? Und gibt es nicht auch politischen und persönlichen Missbrauch im Irrgarten der Religionen, zum Beispiel Gewalt im Namen Gottes oder demonstrative religiöse Heuchelei, so dass Religionen ihre Glaubwürdigkeit und ihr Erbe verspielt haben oder immer noch verspielen?

Doch Großvater hat seine eigene Meinung. „Reli ist in der heutigen Zeit wichtiger denn je." „Warum"? will Anni wissen. „Wenn der Unterricht gut ist, dann kannst du dir eine Meinung bilden, die Hand und Fuß hat; die auch dein Leben bereichert und zu gestalten hilft. Und gehst religiösen Fanatikern nicht auf den Leim" „Und wann ist Reli für dich „gut""?

Großvater versucht, seine Überzeugung zu verdeutlichen.

Der Religionsunterricht – auch religiöse Bildung generell – könne religiöse *Traditionen* wie christliche Festtage, aber auch kirchliche *Rituale* wie Trauungen verständlich machen, so dass sie als persönliche und gemeinschaftliche Lebenshilfen nachvollziehbar und erlebbar würden. Ferner könnten in Reli *Werte* wie Würde, Liebe, Freiheit, Verantwortung und Gerechtigkeit vermittelt werden, die auch christliche Wurzeln hätten.

Auch sei es in diesem Unterricht möglich, über den Einfluss und die *Bedeutung* der unterschiedlichen Religionen auf Geschichte und Kultur, auf Kunst und Musik sowie auf Politik und Gesellschaft nachzudenken, weil man sonst vieles nicht verstehen könne.

Vor allem jedoch, so Großvater, könne durch *Persönlichkeitsbildung,* durch Wissens- und Gewissensbildung, die persönliche Unterscheidungs- und Urteilskompetenz sowie ein verantwortliches Verhalten der Schüler gestärkt werden.

Natürlich hänge viel vom Lehrer ab. Wenn ein Lehrer religiös unmusikalisch und leidenschaftslos sei, könne er keine Schüler gewinnen, sich konstruktiv kritisch und differenziert mit religiösen Musikstücken auseinanderzusetzen, den eigenen Horizont zu erweitern, zu vertiefen oder zu erneuern, um sprach-, dialog- und argumentationsfähig zu werden.

„Mein Lehrer", meint Anni spontan, „hat mich schon begeistert. Besonders als wir über die Geschichten vom Barmherzigen Samariter und vom Verlorenen Sohn gesprochen haben." Da gehe es ja nicht nur um Infos und Meinungen, sondern vor allem um besondere Wahrheiten und Weisheiten, die für das Leben wichtig seien. „Oder? Opa?!"

Seligpreisungen

Kreuz als Glückseligkeitssymbol?

Ist das achtspitzige Kreuz ein Glückssymbol? Anni und ihr Großvater betrachten das *Logo der Johanniter*. Die vier Spitzen nach innen sollen an die vier Tugenden Klugheit, Gerechtigkeit, Tapferkeit und Mäßigung erinnern. Die acht Spitzen nach außen an die acht Seligpreisungen der Bergpredigt, die im Matthäusevangelium überliefert ist.

„Was sind **Seligpreisungen**?" fragt Anni ihren Großvater. Der verspricht ihr, sich schlau zu machen. Beim nächsten Treffen der beiden hat Großvater einen kleinen Schatz an Wissen sowie seine Deutungen mitgebracht. Also, die Seligpreisungen seien acht Versprechen Jesu, die offensichtlich einen Vorgeschmack auf Glückseligkeit geben wollen. Das will Anni natürlich genauer wissen. Der Bergprediger preise verschiedene Personengruppen „selig", das heiße wohl „glückselig":

„Die geistlich Armen": Wer entdecke, dass er trotz seiner Leistungen vor Gott mit leeren Händen stehe, weil alles vergänglich und eitel sei, der könne von Gott reich beschenkt werden – zum Beispiel mit der Gewissheit bedingungsloser Liebe. Das gelte für alle, auch für die wirtschaftlich Reichen.

„Die Trauernden": Wer entdecke, dass Gott aus einem Tiefpunkt seines Lebens einen Wendepunkt oder Neuanfang machen könne, der werde durch Jesu Botschaft vom Reich Gottes getröstet – der könne wieder vertrau-

en und das Leben bejahen, lachen und Neues wahrnehmen, müsse nicht büßen oder die Toten beklagen.

„Die Sanftmütigen": Wer entdecke, dass Gott mächtiger als die Mächtigen sei, weil die nicht alles machen könnten, der erwarte alles von Gott – und müsse nicht vor den Machern dieser Welt auf die Knie gehen, kuschen oder flüchten, weil er durch Gottes Macht selbst in seiner Ohnmacht eine reale Chance zum Leben bekomme.

„Die nach Gerechtigkeit Hungernden und Dürstenden": Wer entdecke, dass Gott allein gerecht sei und alle Menschen mit gnädigen Augen betrachte, setze sich für mehr Gerechtigkeit in dieser Welt ein – für bessere Teilhabe- und Lebenschancen aller, der Mitwelt, der Umwelt und der Nachwelt.

„Die Barmherzigen": Zu einem glücklichen Leben im Angesicht Gottes gehöre die Nächstenliebe, nicht Rührseligkeit oder Selbstaufgabe, sondern persönliches Mitfühlen, Mitdenken, Mithelfen und Mitverantworten, Fürsorge und Mitsorge, Vorsorge und Nachsorge, Hilfe zur Selbsthilfe und zur Verantwortung.

„Die reinen Herzens". Zu einem glücklichen Leben im Angesicht Gottes gehöre das Vertrauen in Gottes Gegenwart, nicht Genügsamkeit oder Selbstherrlichkeit, sondern eine persönliche Verantwortung vor Gott und dem Nächsten.

„Die Friedensstifter". Zu einem glücklichen Leben im Angesicht Gottes gehöre der Frieden, nicht Duldsamkeit oder Gleichgültigkeit, sondern der verantwortungs-

bewusste Einsatz für einen Frieden in Würde, in Freiheit und Gerechtigkeit.

„Die um der Gerechtigkeit willen Verfolgten": Zu einem glücklichen Leben im Angesicht Gottes gehöre die Standfestigkeit, nicht Rückgratlosigkeit oder Mutlosigkeit, sondern das Ertragen von Verachtung, Hochmut und Gleichgültigkeit dem Willen Gottes gegenüber.

Anni muss die Seligpreisungen Jesu und Großvaters Auslegungen erst einmal verdauen. Aber eins verspürt sie schon jetzt: Die Glückseligkeitsversprechen wollen sie nicht bevormunden; sie wirken auch nicht wie heiße Luft, die schnell verdampft, sondern eher wie eine frische Brise neuen Lebens, die Mut macht, mit Gehirn und Herz auf letzte Glückseligkeit im Reich Gottes und jetzt schon auf den Geist des Bergpredigers im Alltag zu hoffen.

Solidarität

Päckchen tragen

Anni und ihr Großvater lesen gemeinsam den Artikel:

Ein Mensch hatte viele Päckchen zu tragen. Doch der Mensch versuchte, sich nichts anmerken zu lassen. Er lächelte, auch wenn er sich über eine andere Person geärgert hatte. Er sagte keinen Ton, wenn er sich verletzt fühlte, weil ihm ständig über den Mund gefahren wurde. Er entfernte sich schnell und möglichst unauffällig, wenn es zu rabiaten Streitereien kam. Er äußerte sich nur in dem Sinne, was wohl sein Gegenüber hören wollte. Er passte sich an, um zu überleben. Manchmal, in den eigenen vier Wänden, konnte er sogar zu einem Ekelpaket werden.

In einer Nacht hatte er einen Traum. Er hörte das Klingen an der Haustür. Als er die Tür öffnete, war keiner zu sehen. Nur ein hübsch verpacktes Paket, das an ihn adressiert war, lag auf dem Steinboden. Neugierig trug er es ins Wohnzimmer. Schnell öffnete er es. Der Mensch verdrehte die Augen. „Wer kommt denn auf so eine Idee?" fragte er sich. Das Paket war leer.

Da klingelte es erneut. Neugierig schaute er aus der Tür. Wieder war keine Menschenseele zu sehen. Aber ein weiteres Paket lag da, wieder originell verpackt.

Der Mensch rieb sich die Augen. „Wieder ein leeres Paket eines Dummenjungenstreiches?!" Es sollte noch schlimmer kommen. Vorsichtig entfernte er die Verpackung. Und traute seinen Augen nicht. In dem Paket lagen eine Maske, ein Kaktus und eine Schere.

Verärgert und entrüstet wollte er gerade auf Gott und die Welt schimpfen, als es erneut an der Haustür klingelte. Sollte er überhaupt noch zur Tür gehen, sie öffnen? „Jetzt reicht es!" Mit zusammengekniffenen Augen und zusammengepressten Lippen öffnete er die Haustür. Ein kleiner Junge mit einem großen Paket stand da, strahlte ihn an und fragte: „Wie geht es Ihnen heute? Ich habe ein Paket für Sie!" Der Mensch, erstaunt und überrascht, brummte: „Wenn es kein Monsterpaket oder ein leeres Paket ist." Der Junge antwortete. „In diesem großen Paket sind viele kleine Päckchen. Und ich kann ihnen helfen, sie zu tragen."

Da wurde der Mensch wach und dachte über die Pakete und die geheimnisvolle Botschaft des kleinen Jungen nach. Welche Bedeutung könnten die Pakete haben? War er selbst etwa ein leeres Paket - voller diffuser und unsichtbarer Ängste? Oder eher ein Paket mit provozierenden Inhalten? Im Blick auf die Maske: Weil er sein Gesicht nur mit Maske zeigt?
Im Blick auf den Kaktus: Weil er wenig Geduld hat – mit sich selbst und anderen „stacheligen Menschen" und deshalb keine Blüten entwickelt werden können?

Oder müsste er vielleicht selbst viel mehr Stacheln zeigen, um nicht ständig untergebuttert zu werden oder sich um jeden Preis anpassen zu müssen? Doch wie soll er zu sich und zu anderen ein vernünftiges Verhältnis von Nähe und Distanz finden?

Im Blick auf die Schere: Weil er seine Meinung ständig so maßschneidert, dass sie zu anderen Meinungen passt. Damit der Friede gewahrt bleibt. Aber um den Preis, dass er morgens nicht mehr in den Spiegel sehen kann. Doch wie kann er ein offenes Gespräch ohne Schere im Kopf erfolgreich führen?

Und schließlich: Gibt es wirklich Menschen, die bereit und fähig sind, seine Päckchen mitzutragen, vielleicht auch zu ertragen? Die ihm helfen Knoten zu lösen, um neue Inhalte für leere Pakete zu finden oder für vollgepackte Pakete, weil das Verfallsdatum der Waren schon lange abgelaufen ist?

Und der Mensch fing langsam an, seine vielen Pakete, die er mit sich herumtrug, von Bitterkeit und Ängsten, Vorurteilen und Neidgefühlen zu leeren und sie mit Liebe und neuem Vertrauen, offenen sowie kritischen Auseinandersetzungen und vor allem mit Wertschätzung und Respekt zu füllen.

Und er wurde wie von selbst zum Päckchenträger für andere. Und klingelte an der Tür seines Mitmenschen, der zu seinem Nächsten geworden war.

Sprache

Die Sprache eines Häuptlings

Anni und ihr Großvater lesen gemeinsam den Artikel:

Hat „er", „sie", „es" den Stein der Oberweisen gefunden? Will der Oberhäuptling damit seinen Ruhm mehren, sein Reich erhalten, festigen und ausbauen? Soll sein Volk erzogen werden? Oder will er nur von anderen Problemen, die er hat, ablenken? Weiß „man", was man tut, der Sprache mit verordneter „Gendergerechtigkeit" antut?

Stolz, vielleicht auch mit geschwollener Brust, zugekniffenen Augen und offenem Mund, spricht „einer", „eine", „eines" vom „wichtigen Signal" für das Land.

Und Buschtrommeln der Eiferer verbreiten die „geschlechtergerechte Verwaltungssprache". Die Indianer, die Mitarbeiterinnen und Mitarbeiter (besser „Mitarbeitenden"?), sollen zum Beispiel nicht länger vom Rednerpult sprechen, sondern von „Redepult", nicht von Lehrerinnen und Lehrer, sondern von „Lehrenden" nicht von Stadträtinnen und Stadträten, sondern von „Ratenden".

Ob die Menschen in seinem Reich die Augen verdrehen, den Kopf schütteln, vor allem die neuen, gendergleichen Steine einfach schlucken? Ob die jetzt „Ratenden" einfach zur Tagesordnung übergehen, weil die spitzen Steine, die ideologisch und politisch Bände sprechen, im Hals steckengeblieben sind und sprachlos machen?

Wo liegt denn dieses Reich, das eigentlich durch eine identitätsstiftende Sprache zusammengehalten werden soll?

Im Land der Pferde. Wer hier allerdings hoch zu Ross daherkommt und den weiblichen Gast als „Gästin" bezeichnen würde, braucht sich nicht zu wundern, dass er bei der Begegnung mit einer selbstbewussten und gleichberechtigten Frau auf die Nase fällt.

Und ein Oberhäuptling ohne sprachlichen Stallgeruch, aber mit erhobenem Zeigefinger, der das Sprachgefühl vieler verletzt, kann schnell bei der nächsten Wahl auf die Wiese der Bedeutungslosigkeit geschickt werden.

Hier kann er sich sprachlich austoben. Denn auch er hat das Recht auf Denk-, Meinungs- und Sprechfreiheit. Und er wird dann nicht durch eine Anweisung von oben gezwungen, „sprachkorrekt" sein zu müssen, muss keine Rücksicht auf Sprachklang und Sprachmelodie nehmen.

Vielleicht lernt er jedoch auch, dass z.B. „Lehrer" die Lehrerin mitmeinen kann, dass das Neutrum im Deutschen nicht sexualisierbar ist. Dass „Oberhäuptling" sexusneutral ist, Frauen und Männer gleichermaßen bezeichnet.

Und dass alte sowie lebendige Steine der Erkenntnis neu gefunden werden können. Nicht nur auf einer Spielwiese, sondern mitten im Sprachalltag.

Taufe

Nicht allein unterwegs

Anni, aufgeweckt und liebenswürdig, wird langsam erwachsen. Ständig entdeckt sie etwas Neues. Manchmal fragt sie ihrem Großvater ein Loch in den Bauch. Großvater, keine Suchmaschine, kennt nicht immer sofort die passenden Antworten. Wenn er dann um eine Erklärung ringt, hat Anni ihn besonders lieb. Und stellt die nächste Frage.

„Opa, meine Freundin ist als Baby nicht getauft worden, weil sie über ihre Taufe später selbst entscheiden soll, haben ihre Eltern gesagt", beginnt sie ein Gespräch. „Wie findest du das?"

Großvater denkt spontan an die *Taufe Jesu*. Der ist von Johannes dem Täufer im Jordan getauft worden. Der göttliche Geist, so der Bericht im Markusevangelium weiter, sei „wie eine Taube" auf ihn herabgekommen und er sei von Gott selbst zum „lieben Sohn" berufen worden.

Dann antwortet Großvater seiner Enkeltochter: „Auch Erwachsene können getauft werden". „Und warum bin ich dann als *Baby getauft* worden?" „Bevor ein Mensch „ja" zu Gott sagen kann, hat Gott ihn bereits bejaht. Und weil das Zeichen der bedingungslosen Liebe Gottes deinen Eltern wichtig gewesen ist.

Sie haben ja auch nicht die Entscheidung über deinen Blockflötenunterricht und deinen Schwimmkurs auf dich delegiert, übrigens auch nicht ihre Liebe zu dir, bis du erwachsen geworden bist und „Ja" dazu sagen konntest".

Doch Anni fragt weiter: „Warum tauft denn die Kirche überhaupt?" Großvater, der einen guten Religionsunterricht erlebt hat, erinnert sich an den *„Taufbefehl Jesu"*, der am Ende des Matthäusevangeliums steht: Alle Menschen – weltweit – sollen nach dem Willen Jesu zu seinem Freundeskreis gehören, weil das Reich des auferstandenen Gekreuzigten sowohl den Himmel als auch die Erde umfasst. Alle Jünger Jesu sollen „auf den Namen des Vaters und des Sohnes und des Heiligen Geistes" getauft werden. Alle sollen seine Forderungen und Überzeugungen wie die Gottes- und Nächstenliebe, ja sogar die Feindesliebe kennen- und schätzen lernen. Und dafür verspricht Jesus, mit seinem Geist „bis an das Ende der Welt" bei seinen Jüngern und seiner Gemeinde zu sein.

Da fällt Großvater noch etwas anderes ein: „Jesus hat Kinder besonders lieb, weil sie auch Vorbilder für Erwachsene sein können." Und dann erzählt er Anni das *„Kinderevangelium"*, die Geschichte im Markusevangelium, wie Jesus die Kinder besonders wertschätzt und segnet. Von einem unselbstständigen und bedürftigen Kind könne ein Erwachsener lernen, wie sehr ein Mensch die Liebe Gottes brauche.

Ein Kind könne zudem zeigen, wie wichtig das Vertrauen, aber auch die Offenheit ist, um das Reich Gottes zu entdecken – und zwar mitten in der erwachsenen Welt der Berechnungen, Rangordnungen und Kämpfe.

„Du bekommst auch in der Taufe einen *zweiten Namen* geschenkt, ohne Vorleistungen", ergänzt Großvater „Du trägst zusätzlich den Namen „Christin", weil du zum Vater Jesu Christi gehörst, der dich unendlich liebt."

Dann sprechen sie noch über die Bedeutung des *Wassers* bei der Taufe („Ohne Wasser kein Leben"), die des *Kreuzeszeichens* („Zugehörigkeit zum ewigen Leben") und die der christlichen *Gemeinde* („Weg- und Lern-Gemeinschaft").

Anni freut sich, dass sie keine Puppe, sondern ein von Gott bedingungslos geliebtes Kind Gottes ist und dies immer bleibt. Und dass sie als Christin auch zu einer Mitarbeiterin Gottes geworden ist, weil sie die empfangene Liebe weitergibt – wie auch immer, aber immer in persönlicher Verantwortung vor Gott und dem Nächsten sowie im Namen des liebenden Gottes.

Totensonntag

„Wir haben dich so lieb."

Anni und ihr Großvater lesen gemeinsam den Artikel:

Mutter und Sohn verstehen sich prächtig. Sie, erfolgreiche Anwältin mit klarem Kopf, unreligiös und das Leben liebend. Er, selbstbewusster Theologiestudent mit kritischem Geist, häufig auf der Suche nach Sinn. Und wie seine Mutter liebt er das Leben. Fast an jedem Wochenende plaudern beide über Gott und die Welt, nicht selten diskutieren sie auch miteinander.

Heute erzählt der Sohn etwas über das Seminar „Christliche Bestattungskultur", das er in der letzten Zeit besucht hat. „Ich muss dabei häufig an Papas Beerdigung denken". Der war vor drei Jahren verstorben. Die Mutter, forsch und – überraschenderweise - auch ein wenig bissig: „Haben wir viel falsch gemacht?!" Der Sohn verdreht die Augen, bleibt aber ruhig: „Alles Ok, Mama".

Und dann berichtet er, was er gelernt hat. Der Umgang mit einem Verstorbenen, der sich ja nicht mehr wehren könne, sage viel über die humane Kultur einer Gesellschaft aus.

Die Mutter versteht nicht so recht. Der Sohn erläutert. Wenn ich einen Toten nur technisch entsorge, lieblos und wortlos, klammheimlich, könne das das Verhalten gegenüber Lebenden widerspiegeln.

Umgekehrt sei beispielsweise die Gestaltung des Grabes ein möglicher Spiegel humaner Kultur. Menschen hätten an einer individuell identifizierbaren Grabstätte die Möglichkeit, sich an den Verstorbenen zu erinnern, zu trauern, nicht nur von ihm Abschied zu nehmen, sondern ihm auch Abschied zu geben.

Ein Grab sei sowohl ein Ort der Trennung vom Verstorbenen als auch ein Ort der Verbundenheit mit dem Verstorbenen. Und das habe Auswirkung auf die Kultur der Lebenden.

Christliche Bestattungskultur sei beides zugleich, Abschieds- und Erinnerungskultur. Und dann leuchten die Augen des Jungen, weil er sich offensichtlich einen für ihn wichtigen Gedanken gemerkt hat. Die Bestattung sei auch ein Übergangsritual, „sowohl vom Leben in den Tod als auch vom Leben ins neue Leben." Und er fügt noch hinzu, dass trotz gut gemeinter Anonymisierungen wegen der Kostenersparnis oder der Arbeitserleichterung, was die Pflege eines Grabes anbelange, der Name eines Menschen aus dem göttlichen Buch des Lebens nicht gelöscht werden könne.

Ein Friedhof, auch das muss er der Mutter noch sagen, ohne sie belehren zu wollen, sei für ihn nicht nur ein Ort der Ruhe und des Innehaltens, des Gedenkens und Erinnerns, sondern auch ein „heiliger Ort". „Wie das"?! Weil die besondere Gelegenheit bestehe, über die eigene Endlichkeit und Vergänglichkeit nachzudenken, aber auch über seine Ratlosigkeit, seine Wut auf Gott und die Welt. Sowie durch den Protest gegen den Tod, der zum Beispiel durch Blumen, die Sinnbild der Lebendigkeit sind, zum Ausdruck komme. Oder – und jetzt spricht wohl ein zukünftiger Pfarrer - durch die Hoffnung auf ewigen Frieden durch die schöpferische, wenn auch häufig unbegreifliche Liebe Gottes.

Am Totensonntag, dem dunklen Fels in der vorweihnachtlichen Brandung mit Adventsausstellungen und Basaren, beschließen beide, den Friedhof aufzusuchen.

Am Grabe stehend, beide glaubend, dass ihr Verstorbener nicht einfach verschwunden ist, sprechen Mutter und Sohn zum ersten Mal gemeinsam ein Gebet: „Wir danken dir für all die Zeit…Wir haben dich so lieb." Und sie beschließen, dass ihr Verstorbener endlich den Grabstein in Form eines Kreuzes mit dem Hinweis auf Johannes 11,25 bekommen soll, den er sich so sehr gewünscht hat.

Tratsch

Tratschen und klatschen

Anni und ihr Großvater lesen gemeinsam den Artikel:

Alle kennen diesen Cocktail, der diskret indiskret zubereitet wird. Viele trinken ihn sehr gerne, wo er auch immer serviert wird. Und geben schnell ihren Senf dazu, um ihn noch schmackhafter zu machen.

Seine Mischung aus Halbwissen und Halbwahrheit, aus Intimität und Exklusivität, macht den Mund wässrig, den Kopf neugierig und beflügelt die Phantasie. Es schmeichelt der Zunge, wenn beim Sprechen über einen Abwesenden geschenktes Vertrauen und ungesicherte Beredsamkeit oszillieren. Wenn dann alle tratschen und klatschen, klatscht es in der verschworenen Gemeinschaft Beifall. Je häufiger ein Cocktail angeboten und getrunken wird, desto besser scheint er zu schmecken. Und der Cocktail wird nicht kritisch hinterfragt.

„Haben Sie schon gehört, dass unsere verheiratete Kollegin wieder einen neuen Freund hat?" tuschelt einer hinter dem Rücken. „Schon wieder?!" empört sich seine Gesprächspartnerin, die kein Sozialmuffel sein will. „Ich weiß gar nicht, was die Männer an ihr finden." Aber nicht nur Tugendwächter oder Sittenrichter tratschen häufig. Im privaten Kreis versuchen fast alle Menschen, mit Hilfe von Klatsch und Tratsch Dampf abzulassen und Frust abzureagieren: „Ausgerechnet der Typ, der unfähig ist, hat die Stelle erhalten. Und wagt es, mich zu beleidigen und zu demütigen."

Klatsch und Tratsch gehören schon immer zum Leben der Menschen dazu. Sie sorgen sogar für eine gewisse soziale Kontrolle. Wer Angst vor dem Getuschel hinter vorgehaltener Hand hat, weil er seinen guten Ruf verlieren könnte, verzichtet vielleicht eher auf einen (weiteren) Seitensprung oder auf Missachtung ungeschriebener Gesetze.

Einen Schuss Neid, Rechthaberei oder Wichtigtuerei kann ein Cocktail noch vertragen. Wenn jedoch aus dem „normalen" Cocktail ein ungenießbarer Giftcocktail wird, ist Schluss mit lustig. Üble Nachrede gehört beispielsweise dazu, bewusst Mitmenschen zu verunglimpfen und ihnen mit falschen Tatsachenbehauptungen zu schaden.

Ein Maulwurf, der nicht nur über einen abwesenden Menschen lästert, sondern ihn vielleicht auch mit Verleumdungen ruinieren will, braucht argumentativen Widerspruch: Sind seine Quellen wirklich seriös und unabhängig? Cui bono? Wem nützt der Infofetzen? Ist die andere Seite gehört worden? Und wenn es so wichtig und existentiell ist: Warum wird nicht das gemeinsame Gespräch gesucht? Oder als letzter Weg der Rechtsweg?

Denn dieser unsichtbare Cocktail schadet dem Frieden und zerstört blühendes Leben. Manchmal reicht ein Schluck des Giftes aus, um das Denken und Verhalten zu vergiften. Dann lieber die Finger von einem solchen Giftcocktail lassen. Um im Geist der Wahrheit und der Liebe sich eine eigene Meinung bilden und ein glückliches Leben führen zu können.

Trauer

Warum?

Anni und ihr Großvater unternehmen viel und haben viel Spaß miteinander. Aber beim heutigen Ausflug in die Innenstadt wirkt Anni sehr traurig. „Welche Laus ist dir denn über die Leber gelaufen?" fragt der Großvater. Da fängt Anni an zu weinen. „Herbert, ein Klassenkamerad von mir, ist tot", schluchzt sie und mit belegter Stimme erzählt sie, dass er bei einem Verkehrsunfall tödlich verunglückt sei.

Großvater hört ihr geduldig zu. Plötzlich - wie aus heiterem Himmel - schaut Anni ihn an. „Opa, warum hat Gott das zugelassen?" Großvater atmet tief durch. Was soll er dazu sagen?! Häufig hat er sich bereits mit dieser Frage beschäftigt, auch bei großen und kleinen Katastrophen.

Ist **Gott** ein ferner Weltenlenker, der ungerührt und tatenlos zusieht? Rächt er sich an einer gottlosen Welt, weil er an ihr leidet? Schläft er? Muss man ihn mit Anklagen wachrütteln? Ist er hellwach, aber hilflos? Oder gibt es ihn gar nicht und sind die Menschen nur einem blinden Zufall ausgeliefert?

Großvater ahnt, dass ihn die endlosen Grübeleien über die „Warum-Frage" nicht weiterbringen, weil er keine Erklärungen finden kann. Im verschlungenen Irrgarten negativer Gefühle und Gedanken, so seine Erfahrung, kann sich ein Mensch nur verlaufen, sich verirren und verwirrt zu Boden gehen. Im tiefen Loch der Ahnungslosigkeit, das man selbst geschaufelt hat, macht es keinen Sinn, tiefer zu graben. Im dichten Nebel des Unbegreiflichen greift man nur ins Leere. Und Trostworte wie „Kopf hoch, es wird schon werden" können gut gemeint sein, aber helfen nicht wirklich weiter.

Anni und Großvater stehen zufällig vor einer Kirche, die geöffnet ist. „Ich weiß es nicht", murmelt Großvater ein wenig verlegen, „aber lass uns in die Kirche gehen und uns das Kruzifix ansehen". Als sie eine Zeitlang sprachlos den schmerzverzerrten Jesus betrachtet haben, beginnt Großvater mit „ungewöhnlichen" Gedanken. Der **Mann am Kreuz** sei verachtet, verspottet und zu Tode gefoltert worden. Warum? Er hätte es selbst nicht gewusst. Er habe sein Leiden jedoch nicht zur Schau gestellt, auch nicht in sich hineingefressen. Sondern zu Gott geschrien: *„Mein Gott, mein Gott, warum hast du mich verlassen?!"* Aber am Ende doch – dennoch, ohne eine Antwort bekommen zu haben - Gottvertrauen gewagt: *„Vater, in deine Hände gebe ich meinen Geist".*

Anni versucht zu verstehen.
Ist das Gottvertrauen wie eine Quelle neuer Zuversicht?!

Doch dieser Gedanke allein reicht Anni nicht „Was ist mit dem Verkehrsunfall oder mit Terroranschlägen und Kriegen?" „Gott will weder schlimme Verkehrsunfälle noch das Böse", meint Großvater. Der Mensch
sei jedoch keine Marionette Gottes, sondern frei – auch zum unverantwortlichen Handeln oder zum abgründigen Bösen. Aber auch Gott, fügt er noch hinzu, sei keine Marionette des Menschen, menschlicher Vorstellungen und Wünsche. „Aber warum lassen Menschen dann Gott so leiden?" fragt Anni kritisch nach und schaut zum Kruzifix auf.

Da läuft eine Träne über das Gesicht des Großvaters: „Vielleicht müssen wir das Unbegreifliche wie den Tod deines Mitschülers aushalten und an den mit- und selbstleidenden Gott zu glauben versuchen bis Gottes Stimme selbst in uns spricht und uns tröstet. Und uns im Blick auf unverantwortliche oder menschenverachtende Taten noch mehr für einen gewaltfreien Frieden in Würde, Freiheit und Vernunft einsetzen."

Beide haben über das Gespräch noch lange nachgedacht.

Trost

Trost für Trostlose?

Anni und ihr Großvater lesen gemeinsam den Artikel:

Ein Mensch weint. Keine Maschine. Kein Gegenstand. Tränen eines Menschen laufen über seine Wangen. Hat er Liebeskummer, eine Enttäuschung erlebt, Ärger in der Familie, in der Schule oder im Beruf? Ist er krank, verletzt, ungerecht behandelt worden, einsam und verlassen?

Manche Trauertränen trocknen schnell. Andere kommen immer wieder. Manchmal werden sie unterdrückt, selten vorgetäuscht. Häufig fließen sie im Verborgenen. Eine einzige Träne, die in das Licht der Öffentlichkeit gerät, kann Bände sprechen.

Gibt es Trost in der Trostlosigkeit? Vielleicht eine Beruhigungspille, die jedoch den Schmerz nur dämpft oder betäubt? Schöne Sprüche, die auf einem silbernen Tablett serviert werden, aber in Wahrheit nur vertrösten? Heilende Rezepte, die auf dem Markt der Sinnangebote gekauft werden können, aber nicht immer und für jede Situation passen?

Muss der Weinende etwa seine eigene Seele an Rattenfänger verkaufen und in falsche Abhängigkeiten geraten, um getröstet zu werden?

Einer, der selbst von einem anderen Menschen getröstet worden ist, empfiehlt die Kunst des Herzens, die Tränen zulässt und bejaht: Hör dem Trauernden einfach zu, wenn er mag. Versuch ihn zu verstehen, Verständnis zu entwickeln. Und mit ihm über seinen Kummer zu sprechen. Oder halte mit ihm eine Weile die Sprachlosigkeit und Ohnmacht aus, bis die Zeit zu einem erhellenden Wort gekommen ist.

Ein anderer betont die neue Lebenskraft, die er in seiner Trauer geschenkt bekommen hat. Aus der Quelle der biblischen Botschaft habe er dabei geschöpft: „Alle eure Sorge werft auf ihn; denn er sorgt für euch". (1. Petrus 5,7) Sorgengespenster, die seine Seele in Angst und Schrecken versetzt hätten, seien gebändigt worden.

Es sei sogar befreiend gewesen, die Sorgen loszulassen und sie Gottes unsichtbarer Hand anzuvertrauen.
Er habe verspürt, dass Gottes Hand selbst leidet, mitleidet, um seine Tränen trocknen zu können.
Jetzt könne er seine eigenen Hände wieder besser gebrauchen. Es sei ihm möglich, zu sorgen als sorgte er nicht, die Verantwortung für sein Leben erneut zu übernehmen. Er sei sich jetzt gewisser, dass seine Hand, sein ganzes Leben in Gottes Hand liege.

Also gibt es Erfahrungen und Gründe, dennoch neu zu glauben, zu hoffen und zu lieben? Der Glaube an diese Hand ist für viele Christen kein Trostpflaster, sondern ein Angebot zum neuen Leben. Und Tränen können dazu beigetragen, die Seele zu befreien, zu reinigen, zu bewegen. Und einen Menschen wieder froh zu machen.

Verteilungskampf

Kampf um den Kuchen

Anni und ihr Großvater lesen gemeinsam den Artikel:

Die Emotionen kochten hoch, als der Kuchen verteilt werden sollte.
Einer am Tisch hatte Angst, nur ein kleines Stück vom leckeren Kuchen abzubekommen.
Ein anderer fürchtete, nicht das größte Stück zu erhalten.
Einer war wütend, weil ihm nur Krümel vom Kuchen angeboten wurden.
Ein Teilnehmer ekelte sich bei dem Gedanken, ein „furchtbar saures" Stück essen zu müssen und nicht die Rosinen, die andere herauspickten.

Einer jedoch fiel aus der Reihe. Er saß traurig am Tisch, weil er den ganzen Verteilungskampf nicht verstand. Hatte er es mit eifersüchtigen Egomanen zu tun, die selbstgerecht nur an sich dachten? Mit eitlen Narzissten, die selbstverliebt den Hals nicht voll genug bekommen konnten? Oder mit engagierten Interessenvertretern, die selbstgefällig den Beifall ihrer Klientel erheischen, vor allem von ihr wiedergewählt werden wollten?

Je länger er darüber nachdachte, wuchs bei ihm eine neue Einsicht. Klar, den Kuchen kann keiner sowohl essen als auch behalten. Der Kuchen, der nicht automatisch größer wird und nur einmal verteilt werden kann, sollte gerecht verteilt werden.

Gerecht erschien es ihm, wenn jeder zunächst unabhängig vom Kuchen die Chance bekam, Verantwortung für sein eigenes Leben wahrzunehmen.

Wenn jeder dann das zusätzliche Kuchenstück erhielt, das zu ihm „passte", ihn zum Beispiel befähigte, seine Not gezielt zu wenden, um (wieder) auf eigenen Füße gehen zu können.

Wenn jeder die Solidarität, den Teil des Kuchens (versprochen) bekam, den er zu einem menschenwürdigen Leben braucht, wenn er sich selbst nicht helfen kann.

Und wenn starke Schultern, ihrer Leistungsfähigkeit entsprechend, nicht überfordernd und demotivierend, mehr trugen als schwache, also auch mehr bei der Herstellung des Sozialkuchens beitrugen.

Aber auch Fragen kamen auf: Welche Qualität hat der Kuchen und nach welchen Regeln soll er verteilt werden? Wird vor allem an die wirklich Bedürftigen gedacht? Oder sollen ohne Unterscheidungen alle offenen Münder gestopft werden? Ist eine individuelle Befähigung zur persönlichen Eigenverantwortung nicht würdiger als eine soziale Betreuung mit unwürdiger Abhängigkeit? Und kann im Einzelfall ein begründeter Verzicht auf Hilfe nicht auch eine nachhaltige Hilfe sein?

Sollten nicht auch bessere Bedingungen für alte und neue Bäckereien geschaffen werden, weil ein „Sozialkuchen" nur verteilen kann, was vorher produziert worden ist?

Und ein bisschen Freude mischte sich in seine Trauer über die Bäcker und Politiker, die zugleich leidenschaftlich und besonnen ihre Verantwortung auch für zukünftige Generationen wahrnehmen wollten.

Vorsatz

Vorsätze als Hauptsätze?

Anni und ihr Großvater lesen gemeinsam den Artikel:

Sind Vorsätze nur schöne *Seifenblasen*, die eine kurze Lebensdauer haben, weil sie bei der Berührung mit der harten Realität platzen und sich in Luft auflösen? Oder nur verzierte *Appelle*, die das Wissen und das Gewissen streicheln und beruhigen sollen? Oder gar ein geistiger *Selbstbetrug*, um sich das Leben für kurze Zeit leichter und erträglicher zu machen?

Gutgemeintes hat am Ende oder zu Beginn eines Jahres in privaten Schneckenhäusern, bei öffentlichen Feiern oder Empfängen Hochkonjunktur. Wunschlisten sind en vogue. Vorsätze werden heimlich oder offen genannt. Hoch und heilig wird alles Mögliche und Unmögliche ehrlich oder schmunzelnd sich selbst oder anderen versprochen.

Auch wenn das Gutgemeinte schnell gebrochen oder vergessen wird, der Trott des Alltags, die Macht der alten Gewohnheiten oder neue Konflikte triumphieren, können manche Vorsätze sinnvoll sein und bleiben. Besonders wenn sie aus Einsicht freiwillig und in eigener Freiheit und Verantwortung gewonnen worden sind. Natürlich auch realistische Möglichkeiten des Fortschritts und der Selbstkorrektur bieten.

So kann zum Beispiel sich einer den Vorsatz zu Herzen nehmen, seinen Nächsten in Zukunft kritischer und differenzierter zu *be*urteilen und ihn nicht einseitig und pauschal zu *ver*urteilen.

Ihm begründet einen größeren Vorschuss an Vertrauen und Zutrauen zu schenken und ihn nicht in ein Schubfach mit festen Vorurteilen oder eine Kiste mit gehässigen Feindbildern zu sperren oder liegen zu lassen.

Ihm konstruktivere Lösungsvorschläge zu machen und ihm nicht ständig die Vergangenheit um die Ohren zu hauen.

Oder vielleicht auch den Vorsatz, sich an die eigene Nase zu fassen, nicht hochnäsig auf seinen Mitmenschen herabzusehen, sondern auf Augenhöhe mit ihm zu kommunizieren. Den ersten Schritt zu wagen und nicht beleidigt in der Ecke hocken zu bleiben oder einen großen Bogen um seinen Mitmenschen zu machen. Ihm – wenn es wirklich wichtig ist - argumentativ und eindeutig in der Sache zu widersprechen und sich nicht um des Friedens will bequem anzupassen und sich vielleicht selbst sogar aufzugeben.

Wer mit solchen oder ähnlichen Vorsätzen beim Lesen des Textes schon anfängt, kennt sowohl die gutgemeinten Nebensätze, die das Leben nicht wirklich verändern als auch die Hauptsätze, die das Leben erneuern und gemeinsames Glück verheißen.

Sie helfen, seines eigenen Glückes Schmied zu sein. Denn jeder hat es häufig selbst in der Hand, das Richtige im richtigen Augenblick zu tun – ob aus Vorsätzen tragfähige Hauptsätze in der Zukunft werden.

Und wer dabei scheitern sollte, kann aus der Quelle göttlicher Liebe immer wieder Kräfte zu Neuanfängen schöpfen, weil die Grammatik dieser Liebe alle Neben-, Haupt- und Vorsätze beseelt.

Vom Barmherziger Samariter

Mutig, nicht trottelig

Gehen Menschen immer häufiger in Deckung? Da gerät jemand in Not und wird hilfloses Opfer. Personen, die auf öffentlicher Bühne gerne von „Sozialem Verhalten" reden und von anderen fordern, verhalten sich selbst ignorant und selbstgerecht.

Nur **ein** Mensch, der dem Notleidenden begegnet, wendet sich ihm spontan zu. Keiner hat ihn dazu gezwungen. Was er tut, geschieht freiwillig und ohne eine religiöse Begründung oder eine philosophische Erklärung. Er zeigt - wie selbstverständlich - bedingungsloses sowie schrankenloses Mitgefühl und persönlichen Einsatz. Und leistet erste Hilfe, ohne dafür Geld zu nehmen.

Der Mensch mit Herz kennt die Grenzen seiner Hilfsmöglichkeiten. Sein Gehirn hat deshalb die Weichen im Blick auf Hilfe zur Selbsthilfe gestellt. Und er nutzt die professionelle Hilfe, die notwendig erscheint, damit der Notleidende wieder auf eigene Füße kommt. Stets bleibt er solidarisch. Und er trägt so etwas wie nachhaltige Verantwortung, weil er sich später noch um den Notleidenden, der von Profis betreut wird, kümmern will.

Viele – auch Anni und ihr Großvater - kennen diese Geschichte vom „Barmherzigen Samariter", die von Jesus im Lukasevangelium überliefert ist.

Ob sich der überfallene Mann in der biblischen Beispielerzählung in das Geschehen eingebracht hat oder als

Subjekt der Hilfe einbringen konnte, wird nicht berichtet. Auch nicht, ob seine Hörer oder später die Leser über notwendige strukturelle Maßnahmen nachgedacht haben, damit niemand so leicht auf dem Weg überfallen werden kann.

Wichtig erscheint jedoch bis in die heutige Zeit die bleibende Botschaft, als Mensch menschlich und zugleich vernünftig zu handeln, das Nötige im Möglichen zu tun.

Es reicht nicht aus, fachlich ein kompetentes Ass, menschlich jedoch ein ichbezogenes Aas zu sein. Natürlich auch nicht ein netter Kerl, fachlich jedoch eine Niete zu sein. Sich mit höflichen Floskeln zu schmücken, aber knallhart über Leichen zu gehen.

Gefragt sind keine Diener, die sich auf Kosten anderer selbst bedienen oder dienern, um Erfolg zu haben. Keine Dienstmädchen, die von ihren Herrschaften abhängig sind und ihr Selbst opfern.
Keine Onkel Dagoberts, die nur am Verdienen interessiert sind, weil sie geizig und zugleich raffgierig sind.

Auch keine Herrscher im Dienergewand.

Wohl aber Menschen, die in einer konkreten Situation Herz zeigen und zugleich den Kopf einschalten, damit die Hände helfen können – so wie sie selbst behandelt werden wollen. Und die darüber hinaus die Strukturen und Prozesse des öffentlichen Gemeinwesens vorausschauend so gestalten, dass „Überfälle" möglichst verhindert werden können.

Keine trotteligen oder schwärmerischen Menschen sind gefragt, sondern empathische und kluge Diener der Allgemeinheit, die Nächstenliebe vorleben.

Das alte Modell „Barmherziger Samariter" bleibt ein modernes Beispiel „humanitärer Möglichkeiten" sowie eine „persönliche Projektionsfläche" nicht nur für Anni und ihren Großvater.

Vom Sämann

Die Saat der Liebe

Anni und ihr Großvater lesen gemeinsam den Artikel:

Sich (neu) verlieben? Sich (ganz) öffnen? Oder sich doch lieber die Ohren zuhalten, verschließen oder verstopfen?

Eine echte Liebeserklärung, die keinen täuschen oder überrumpeln will, kann überwältigend sein. Wer ihr sein Ohr schenkt, begibt sich auf eine innere Entdeckungsreise. Sie ist der Schlüssel, der zu neuen Räumen gemeinsamen und sinnstiftenden Glücks führt.

Ähnliches geschieht im Reich Gottes.
Jesus, gleichsam der Sämann dieses Reiches, sät, indem er die **Liebe Gottes** „erklärt": Dein Schöpfer liebt dich unendlich. Du bist und bleibst deshalb Träger einer unantastbaren und unverlierbaren Würde. Du bist einzigartig und unverwechselbar, nicht austauschbar, auch nicht verhandelbar.

Jesus war kein Schwärmer, sondern Realist.
Er weiß, dass es Menschen gibt, bei denen seine Botschaft ins eine Ohr hinein und durchs andere gleich wieder herausgeht. Die Saat fällt bei diesen Menschen auf einen *ausgetretenen Weg* und die Vögel, die vielen Zufälle mit ihren „bösen" Überraschungen, fressen es auf.
Die Botschaft ist gleichsam eine Stichflamme, die nur kurz aufflackert, weil der mächtige Zeitgeist keine Chance auf weitere Lichterfahrungen zulässt.

Jesus sind auch Menschen bekannt, bei denen seine gute Nachricht nur ein Strohfeuer der Gefühle entfacht, das dann aber angesichts der Wurzellosigkeit nicht von Dauer ist. Die Saat fällt auf *felsigen Grund* mit wenig Erde, geringem geistigem Tiefgang und viel bequemer Oberflächlichkeit.

Und auch das gehört für Jesus zur Realität: Seine Liebeserklärung wird von *Dornen* erstickt, von neuen Gottheiten mit menschlichen Masken, von heuchlerischen und gewieften Täuschern, die die Ohren anderer zu dröhnen. Die einen geistigen Schwelbrand verursachen, der glimmt, aber nicht richtig zum Brennen kommt, weil es zu wenig Sauerstoff gibt, zu wenig Offenheit, Wahrhaftigkeit und Vertrauen.

Was für Jesus von seiner Liebeserklärung auf *„gutes Land"* fällt, bringt jedoch vielfältige Frucht, weil es durch das Ohr ins Herz geht und dort reift. Es entsteht gleichsam ein inneres Lagerfeuer, das die Kälte einer Seele erwärmt, die Dunkelheit des Geistes erleuchtet und die trägen Füße des sozialen Miteinanders bewegt.

Was nicht ausdrücklich im Gleichnis vom Sämann in der Bibel steht, kann aber trotzdem gemeint sein: Gehören nicht zu ein und demselben Menschen verschiedene Anteile - die eines ausgetretenen Weges, eines felsigen Grundes, einer Fülle von Dornen? Und kommt es nicht darauf an, diese verschiedenen Herausforderungen und Gegebenheiten zunächst anzunehmen sowie dann mit Geduld und Besonnenheit so zu gestalten, dass sie sich miteinander versöhnen, um „gutes Land" zu werden, neu und fruchtbar?

Wer der Liebeserklärung sein Ohr ganz öffnet, der kann sogar etwas ganz Neues, noch nie Erlebtes, hören und sehen, schmecken und fühlen – wie freundlich der Schöpfer ist.

Indem der Hörende sich in die Liebe selbst – vielleicht sogar ganz neu - verliebt, kommt er dem Geheimnis der Liebe Gottes auf die Spur.

Vom Schalksknecht

Vergeben?

Anni und ihr Großvater lesen gemeinsam den Artikel:

Gibt es einen Schatten in jedem Menschen? Hoch und heilig ist alles versprochen worden. Doch das Versprechen wird nicht eingehalten. Ein Mensch fühlt sich getäuscht und ist enttäuscht, gekränkt und verletzt, wütend und zornig. Jetzt in die Offensive gehen, genau aufrechnen und abrechnen? Alte Kamellen aufs Butterbrot schmieren? Das gemeinsame Tischtuch endgültig zerschneiden?

Aber hat da nicht jemand etwas vergessen?

Jesus erzählt seinem Freund Petrus eine Geschichte, die im Matthäusevangelium überliefert ist. Ein Statthalter, die Bibel kennt dafür den Begriff „Knecht", schuldet seinem König eine astronomische Summe Geld. Da der Schuldner die große Schuld nicht begleichen kann, soll er alles verkaufen, was er hat – auch sich selbst, seine Frau und Kinder in die Sklaverei. Da bittet ihn der Schuldner innig, Geduld zu haben, bis er alles bezahlen kann. Der König als Gläubiger zeigt Mitgefühl und Menschlichkeit, lässt ihn frei und erlässt ihm sogar seine ganze Schuld.

Die Mitknechte staunen jedoch nicht schlecht, als derselbe Knecht einen anderen Knecht, der ihm einen geringfügigen Geldbetrag schuldig ist, ihn angreift, würgt und auffordert, seine Schuld zu begleichen. Auch der bittet ihn innig um Geduld und Aufschub – jedoch ohne Erfolg und landet im Gefängnis.

Als die Mitknechte den König über den Vorgang informieren, stellt dieser den Statthalter zur Rede. Er habe ihm doch auf seine Bitte hin seine Schuld erlassen: Hätte er sich da nicht auch über seinen Mitknecht erbarmen können?! Der „Schalksknecht", der selbst Barmherzigkeit empfangen hat, aber sich unbarmherzig verhielt, landet im Gefängnis.

Bevor Jesus diese Geschichte mit einem fehlenden Happy End erzählt, hat Petrus Jesus nach der Häufigkeit der Vergebung gefragt („siebenmal"?). Und Jesus gab ihm als Antwort, dass die Vergebungsbereitschaft unbegrenzt sein sollte („siebenzigmal siebenmal"!).

Vielleicht hat Petrus auch die Botschaft der sich anschließenden Geschichte verstanden: Mach dir bewusst, dass jeder Mensch von dem Geschenk der Barmherzigkeit seines Schöpfers lebt, um auch barmherzig gegenüber seinem Nächsten sein zu können. Denn die Grundlage eines gelingenden und glücklichen Lebens ist nicht Berechnung oder Taktik, Selbstgerechtigkeit oder Perfektion, sondern die Grundhaltung der Barmherzigkeit, die das gemeinsame Suchen nach humanen und rationalen Lösungen sowie Neuanfängen ermöglicht.

Und keiner sollte dabei vergessen, den eigenen Schatten, den Schalksknecht in ihm, in das Licht göttlicher Wahrheit zu stellen. Um zur Liebe befreit zu werden.

Vom Verlorener Sohn

Einladung an alle

Anni und ihr Großvater lesen gemeinsam den Artikel:

Was für ein Mensch! Er bevormundet nicht, auch gängelt er nicht. Er schenkt seinen beiden Söhnen vielmehr Vertrauen und Zutrauen – gratis und ermöglicht dadurch Gemeinschaft mit ihm - freiwillig und aus freien Stücken. Der Vater kann verstehen, dass beide Söhne glücklich sein wollen – der eine allerdings durch Selbstbehauptung, Maß- und Grenzenlosigkeit in der Ferne, der andere durch Überanpassung und Veränderungsängste in der Nähe. Beide befreit der Vater durch seine bedingungslose Liebe – den einen von der Fessel seiner Bindungsunfähigkeit und seinem Ego-Trip, den anderen von der Fessel seiner Selbstgerechtigkeit und seines Neides.

Die Rede ist von der Parabel vom „Guten Vater und seinen zwei Söhnen", die Jesus erzählt hat und die im Lukasevangelium überliefert ist.

Aber der Reihe nach: Der *jüngere Sohn* bekommt auf dessen Wunsch sein Erbteil, eine Abfindung vom verfügbaren Vermögen. Und wandert aus. Unbekannt ist, ob er Abenteuerlust verspürte, einfach selbstständig werden wollte oder die Nase von der Familie voll hatte. Auf jeden Fall bringt er „sein Gut um mit Prassen." Als er anfängt, Hunger zu leiden, erinnert er sich an seinen Vater. Hatte sein Vater nicht für seine Mitarbeiter immer etwas zu essen? Ging der nicht stets wertschätzend mit ihnen um?

Also beschließt er, zurückzukehren und ihn um Arbeit zu bitten: Ich habe Mist gebaut und nicht verdient, dein Sohn zu heißen. Aber bitte mach mich zu einem Mitarbeiter von dir.

Als ihn sein *Vater* aus der Ferne zurückkehren sieht, hat sein Vater Mitleid mit ihm, läuft ihm entgegen, fällt ihm um den Hals und küsst ihn. Damals war das für orientalische Ohren außergewöhnlich, „unter seiner Würde", jemandem entgegen zu kommen. Und zudem kennt der Vater zu diesem Zeitpunkt auch nicht die Motive seines Sohnes, zurückzukehren.

Der Vater geht jedoch noch einen Schritt weiter. Als der Sohn sein Anliegen vorgetragen hat, nur ein normaler Mitarbeiter zu werden, lässt der Vater seinen Sohn überraschenderweise mit Festgewand („Ehrengast"), Ring („Vollmacht"), Schuhe („Freier Mann") ausstatten und ein fröhliches und üppiges Fest feiern.

Denn sein verlorener Sohn, so der Vater, war tot, ist wiedergefunden und lebendig geworden.

Als der *ältere Sohn* davon erfährt wird er zornig und beschließt, der Feier fernzubleiben. Doch auch zu ihm geht der *Vater* und versucht ihn zu überzeugen, mitzufeiern. Doch dieser *Sohn* hat kein Verständnis für das Verhalten seines Vaters und erhebt stattdessen schwere Vorwürfe: Die Feierlichkeiten und die Wiederaufnahme seines Bruders, der „dein Gut mit Dirnen" verprasst habe, seien ihm gegenüber ungerecht, da er dem Vater viele Jahre gedient habe, immer gehorsam gewesen sei und nie ein Fest ermöglicht bekommen habe.

Der *Vater* reagiert wieder überraschend. Er verurteilt den älteren Sohn nicht, sondern versucht ihn erneut zu gewinnen: „Du bist allezeit bei mir, und alles, was mein ist, das ist dein." Und gäbe es nicht auch für ihn einen überzeugenden Grund, fröhlich und guten Mutes zu sein, da sein verlorener Bruder wiedergefunden worden ist. Und noch lebt, wieder lebt?!

Was für ein guter Vater?! Er erinnert an **Jesus** selbst wie er wegen seiner Tischgemeinschaft mit Zöllnern und Sündern von den frommen Gutmenschen der damaligen Zeit heftig kritisiert wurde. Weil sie nicht verstehen wollten, dass die Liebe Gottes von Fesseln befreit und eine vorauseilende und – provozierende – bedingungslose Einladung an alle ist, in der frohmachenden Bindung an Gott frei zu werden – und zu bleiben.

Von Maria und Marta

Im Hamsterrad

Großvater und Anni lesen gemeinsam einen Artikel:

Er rackert sich ab, kommt aber nicht von der Stelle. Das Tempo kann beschleunigt, der Einsatz und die Aufwendungen können erhöht werden. Um bloß nichts zu verpassen, zu verlieren oder zu vergessen. Aber ein wirklicher Erfolg stellt sich nicht ein.

Im Hamsterrad des Lebens gibt es keinen echten Fortschritt. Auf Dauer nur (Selbst-) Täuschungen, Schwindelgefühle, Erschöpfung. Und im schlimmsten Fall liegt der Getriebene (selbst-) zerstört am Boden.

Hilft es, das Tempo im Laufrad zu verlangsamen, wenn die Angst und die Gier im Nacken sitzen, das eigene Denken zensiert, das korrekte Verhalten vorgeschrieben wird, Termine die Herrschaft übernommen haben?
Soll sich ein gedankenloser Raser zu einem denkfaulen Döser häuten, um im Laufrad zu überleben? Reicht ein kleines Ruhekissen aus - in der schnellen, schnelllebigen und immer bunter werdenden Zeit mit dem Wahn der Gleichzeitigkeit und dem postmodernen Anders-sein-Können?

Von einer neuen Perspektive im Hamsterrad berichtet das Lukasevangelium. Jesus war Gast in einem Haus, in dem sich zwei Frauen unterschiedlich verhielten.

Die eine Frau kümmerte sich vor allem um das Gastmahl. Ihre Schwester hörte „nur" den Worten Jesu zu.

Die „Aktive" beschwerte sich daraufhin bei Jesus - über die „Passive": „Warum hilft sie nicht?" Und vielleicht hat sie noch hinzugefügt: „Kannst du ihr nicht ins Gewissen reden?!"

Doch Jesus tut ihr nicht diesen Gefallen. Er wird nicht zum einfachen Parteigänger des Dienens. Zwar anerkennt er die „Sorge und Mühe" einer aktiven Frau. Aber er verherrlicht nicht ihre Aktivität, jedoch auch nicht das Zuhören, das Nachdenken über „Gott und die Welt". Jesus gibt überhaupt kein „richtiges Verhalten" vor.

Wohl aber öffnet er beiden Frauen eine Tür zum Leben mit einer neuen Perspektive. Er eröffnet beiden einen freien Lebensraum in untrennbarer Einheit von Empfangen und Geben, Tun und Lassen, von Beschleunigung und Entschleunigung, indem sie sich frei und souverän bewegen können.
Um das „gute Teil" in einem konkreten Augenblick zu wählen, das jeweils Richtige zum richtigen Zeitpunkt, weil es die konkrete Not wirklich wendet.

Im entwürdigenden Hamsterrad sind unantastbare Würde und innere Freiheit neu entdeckbar.

Indem ein Mensch die schöpferischen Stille jenseits des Hamsterrades sucht und neues, geschenktes Leben *er*greift. Und das ganze Leben in seiner Fülle, seinem Reichtum und seiner Schönheit zu *be*greifen lernt.
Um es anschließend bewusster und konkreter zu gestalten und zu verantworten.

Walpurgisnacht

Hexenmeister im Alltag

Anni und ihr Großvater lesen gemeinsam den Artikel:

Gibt es Zauberer, die sich selbst verzaubern?

Die Rede ist nicht von Martin *Luther*, dem berühmtesten Kind des Harzes, der 1483 in Eisleben geboren wurde.
Auch nicht von Joseph von *Eichendorff* bzw. seinem „Reisetagebuch" (1805) oder von Heinrich *Heine* bzw. seiner „Die Harzreise" (1824).
Auch nicht von Thomas *Müntzer*, dem Anführer der aufständischen Bauern im Jahr 1525, der um 1489 im Südharz das Licht der Welt erblickte.
Oder auch nicht von Wilhelm *Raabe*, der 1874 in Bad Harzburg sein Werk „Frau Salome" schrieb.
(Leider?) auch nicht von Johann Wolfgang von *Goethe*, dem berühmtesten Harzbesucher, der im „Faust" (1808 erschien der erste Teil) die Walpurgisnacht auf dem Brocken weltweit bekannt machte.

Die Rede ist vielmehr von kleinen und großen *Zauberern*, die um den 1. Mai herum sich selbst und andere lustvoll und spielerisch zu verzaubern versuchen. Ein modernes – natürlich immer zugleich auch ein touristisches - Spektakel im alten Outfit rund um die Walpurgisnacht und rund um den Harzer Brocken.

Dort, wo früher Hexen und Teufel in der Nacht zum 1. Mai „ganz bestimmt" zur rauschenden und ausschweifenden Orgie zusammengekommen waren – und darüber hinaus –, da finden noch heute „gruselige" Events statt.

Aber Hand aufs Herz: Die aktuellen Hexenmeister sprengen im „Hexenkessel" der Gefühle nur selten die Vernunft. Allerdings kann die Phantasie der Beobachter und Mitspieler beim Zelebrieren der Harzer Tradition angeheizt werden, so dass selbst mit ernster Miene Freude aufkommen kann. Eine Bedingung muss jedoch erfüllt sein: Der Reflexionswolf der kritischen Vernunft darf nicht zu sehr gedreht werden. Er sollte wenigstens für kurze Zeit in den eigenen vier Wänden bleiben.

Doch eine kleine Prise Vernunft kann ja nie schaden: Vielleicht offenbart das freie Rollenspiel während der Walpurgisnacht die Fratze des Bösen in den Masken der Zauberer. Und bändigt durch einen Blick in einen komischen sowie erkennbaren Zerrspiegel eigene und fremde Teufeleien, Nichtigkeiten und Nickeligkeiten, vor allem Bosheiten, Hass und Sündenbocksuche. Dann würde die Unvernunft sogar verzaubert – zum Guten, weil die Vernunft (später?) vernünftig bliebe.

Und wem das Teufelsgebrüll und Hexengekreische „eigentlich" sinnlos erscheint, der kann sich auf seinen Alltag freuen. Nicht unbedingt auf den Alltag Luthers, Eichendorffs, Heines, Müntzers, Raabes oder Goethes, wohl aber auf den von großen und kleinen Hexen und Teufeln, die keine erkennbaren Kostüme tragen, die ihr Treiben jedoch hinter dem Rücken und hinter vorgehaltener Hand inszenieren, weil sie nicht auffallen wollen und ohnehin alles besser wissen und können.

Und mit Arroganz und Ignoranz sich immer wieder selbstgerecht, vor allem selbstverliebt anhexen und verhexen.

Ob dieser Spuk ohne große und kleine Denker – ohne kritische und aufgeklärte Denker – einfach so verschwindet?

Wahrnehmung

Offene Blicke statt Scheuklappen

Anni und ihr Großvater lesen gemeinsam den Artikel:

Ist da jemand verzaubert, ein anderer verbittert? Über ein und dieselbe Person heißt es „Ein freundlicher und herzlicher Mensch." Andere Stimmen behaupten dagegen: „Die Person ist arrogant und gefühlslos."

Spielt bei den unterschiedlichen Wahrnehmungen die jeweilige Sichtweise eine Rolle? Mit der rosaroten Brille sieht ein Betrachter vor allem die schönen Seiten eines Menschen und kann blind vor Liebe werden; mit der negativen Brille sieht er nur die Schwächen und kann ihm Unrecht tun.

Zerrbilder über ein und dieselbe Person können bezaubern, aber auch verteufeln. Sowohl ein „perfekter Engel" als auch ein „fieses Monster" sind häufig Geburten der eigenen Phantasie. Und hinter einer freundlichen Fassade können sich Abgründe auftun. Der Vorwurf der Arroganz kann auch etwas mit offenen Rechnungen zu tun haben, mit Unwissenheit, mit Minderwertigkeitsgefühlen oder einfach mit persönlichen Enttäuschungen.

Die Wirklichkeit der ganzen Person passt nie in ein schwarzweißes Schema. Es gibt bei jedem Menschen viele Grautöne, auch Widersprüche und Spannungen, ein Auf und Ab, ein Hin und Her, Brüche und Aufbrüche.

Die Wahrnehmung einer Person ist stets subjektiv, aus-
schnittsweise und häufig auch interessengeleitet sowie
kulturell geprägt. Sie ist noch lange nicht die ganze
Wahrheit über die Person in einer bestimmten Situation.

Denn wer kann schon in den Kopf und in das Herz
eines Menschen schauen? Und manchmal mischt sich
auch die Dummheit ein und behauptet zum Beispiel, in
der Menschenmenge keine Menschen gesehen zu haben.
Oder ein Neider und Beleidiger nimmt nicht wahr, dass
er in den eigenen Spiegel schaut, wenn er eine Person
beneidet und beleidigt.

Nichtsdestotrotz: Der Zauber kann verfliegen, die Ver-
bitterung weichen. Denn zum Menschsein gehört es,
sich vorstellen zu können, ein ganz anderer zu sein.
Wenn einer in einer Schublade hockt, kann er – wenn er
es denn will - die ideologische oder selbstgerechte Brille,
mit der er die Wirklichkeit konstruiert, absetzen. Damit
er aus seinem Kästchendenken raus kommt, Raum zu
Begegnungen bekommt und sich unabhängig von anderen Stimmen eine eigene Meinung bilden kann. Am
besten er spricht selbst mit der betroffenen Person und
nicht über sie. Und plappert nicht nach, was er gehört
hat.

Ohne Scheuklappen oder Augenbinden, ohne Vorurteile
und Klischees, sondern mit offenen und nüchternen
Blicken, die atemberaubend bezaubernd, beseelend
menschlich sein können.

Weihnachten

„Stille Nacht"

Anni und ihr Großvater lesen gemeinsam den Artikel:

Heimlich sehnt sich die Kerze nach Licht. Manchmal beneidet sie das Licht, manchmal ärgert sie sich über das Licht, manchmal hat sie Angst vor dem Licht, manchmal ist ihr das Licht auch egal.

Aber am Heiligen Abend, wenn sie das Lied „Stille Nacht" hört, horcht sie auf. Beim „trauten, hochheiligen Paar" wird ihr ganz warm ums Herz. Beim „holder Knabe im lockigen Haar" fängt sie an zu träumen. Bei „Christ, der Retter, ist da" öffnet sie ihre Lippen. Bei „Christ, in deiner Geburt" verspürt sie ein heilsames Gefühl unbekannter Geborgenheit und neuer Hoffnung – und fängt an zu leuchten.

Begonnen hat der emotionale Siegeszug des Weihnachtshits vor 200 Jahren im Salzburger Land. In der kleinen Stadt Oberndorf erklang „Stille Nacht" zum ersten Mal am Heiligen Abend in der St. Nikola Kirche. Hilfspfarrer Joseph Mohr, der das Musikstück geschrieben hatte, spielte Gitarre und sang die Tenorstimme. Der Lehrer und Organist Franz Xaver Gruber, der es in D-Dur für zwei Solostimmen, Chor und Gitarre komponiert hatte, sang den Bass.

Bis heute kann das Lied Menschen auf der ganzen Welt unter die Haut gehen.

Sollte Gott über eine Menschheit wachen, die schläft, ihn vielleicht vergessen hat, ignoriert, bekämpft oder meint, ohne ihn leben zu können?

„Stille Nacht", vor allem die Botschaft von „Gottes Sohn", kann erloschene Kerzen ohne Licht entzünden sowie brennende Kerzen menschlicher machen. Und das Lichtermeer still werden lassen, wenn sich der „göttliche Mund" öffnet, weil die „rettende Stund" gekommen ist.

Und Traurige können getröstet und wieder froh, bewegungslose Lichtlose zu bewegten Lichtträgern werden.

Wissen

Wenn Naseweis auf die Nase fällt

Anni und ihr Großvater lesen den Artikel:

Naseweis winkt ab. Er weiß schon alles. Alles über Kleinigkeiten und Nichtigkeiten, über Wichtiges und Bedeutsames, über Vergangenes und Zukünftiges. Mit feiner Nase spürt er selbst im Nebel des Unbekannten und Geheimnisvollen das auf, was ihm gefällt oder missfällt. Er riskiert eine dicke Lippe, wenn er im Wald keine Bäume mehr sieht. Und überhaupt: Muss er alles wissen? Hat er nicht auch ein Recht auf Nichtwissen? Dann empört er sich lieber, als nüchtern nach- oder weiterzudenken.

Auch der Besser- und Alleswisser, der alt geworden ist und ein ideologisches Gewand trägt, meint alles schon zu wissen. Er ist mächtig, weil seine Dummheit übermächtig ist und andere ohnmächtig zu machen versucht. Er merkt nicht, dass ihm ein Geländer des Wissens, ein Kompass des Gewissens und die Quelle der Menschlichkeit fehlen. Dass er getrieben wird von Ängsten, nicht anerkannt zu werden und sich nicht durchsetzen zu können. Von Vorurteilen, Hochmut und Unwissenheit. Und dass er dadurch den Halt, die Orientierung und die Gemeinschaftsfähigkeit verliert.

Eigentlich müsste Naseweis seinem Namen alle Ehre machen. Und „weise" sein, nicht dumm bleiben oder „nur" klug werden. Sondern darüber hinaus Erkenntnisse und Einsichten gewinnen, Zusammenhänge, Ursachen und Wirkungen mitbedenken und einen roten

Sinnfaden im ganzen Geschehen entdecken. Und dann das Nötige im Möglichen tun.

Aus einem neunmalklugen Naseweis muss kein altkluger Grünschnabel, keine empfindliche Mimose oder auch kein schüchternes Mauerblümchen werden. Vielmehr hat jeder wissende Unwissende und jeder unwissende Wissende die Chance, ein mutiger und neugieriger Entdecker zu werden, der aufgeklärt mündig zu leben wagt, sich unabhängig von anderen Meinungen eine eigene Meinung zu bilden, Wissen kritisch hinterfragen, auch selbst recherchieren und abwägen kann.

Wer wie ein nie erwachsen gewordener Naseweis auf dem Meer des Lebens mit seinem kleinen Kahn des Wissens herumschippert und behauptet, dass es nur diesen einen Kahn gebe, darf sich über die Stürme des Lebens nicht wundern, die alles (Un-)Wissen und alle (Un-)Gewissheiten durcheinanderwirbeln und gefährden können. Wer jedoch auf der (Wissens-) Spur des Geheimnisses des Lebens bleibt, kann weise werden: Weil alles Wissen Stückwerk bleibt.
Und weil alles Wissen auf der Erde keine Liebe und keine Neuanfänge ersetzen kann, ist weises Wissen besser als unkluges Unwissen.

Doch erneuertes und neues Wissen, das sich mit schöpferischer Kraft und phantasievollen Visionen verbündet, hilft selbst einem Naseweis, nicht auf die Nase zu fallen. Vielmehr aufrecht und wissensdurstig auch die letzte Quelle neuen Vertrauens und neuer Verantwortung zu suchen und ein glückliches Leben nach bestem Wissen und Gewissen zu finden: In, vor und durch Gott, dem Anfang und das Ende aller Weisheit und Liebe.

Zehn Gebote

Freiheit in Bindung

Kann eine Bindung wichtig sein? Ein kleiner Drache, der hoch hinaus will, braucht eine Schnur, die ihn hält und steuert. Sonst wäre er den Luftströmungen schutzlos ausgeliefert und würde schnell abstürzen.

Auch ein Mensch braucht Halt und Orientierung – keine Fesseln, die ihm die Freiheit und die Luft zum Atmen nehmen, sondern Bindungen, um sein Leben trotz vieler Stürme frei und souverän führen zu können.

Anni und ihr Großvater diskutieren über Bindungen, über die klassischen Zehn Gebote, über das „Du sollst (nicht)…“, was allerdings auch als Fesseln missverstanden und missbraucht werden kann.

„Keine anderen Götter neben Gott haben“. Warum? Damit ein Mensch selbstbewusst und selbstständig, selbstkritisch und selbstverantwortlich leben kann. Denn wer sein Herz anderen Göttern schenkt, wird anderen Mächten hörig und vergisst die Quelle allen Lebens. Wer sich jedoch an den lebendigen und souveränen Gott bindet, wird frei.

„Gottes Namen nicht missbrauchen“. Warum? Damit ein Mensch seinen Lebens- und Freiheitsraum in Verantwortung vor Gott und dem Nächsten wahrnehmen kann. Denn wer im Namen Gottes gewalttätig ist oder heuchelt, der tritt den Willen des liebenden Gottes mit Füßen. Wer jedoch im Namen Gottes lebt, erlebt seine Gegenwart.

„Den Feiertag heiligen". Warum? Damit ein Mensch im Laufrad des Lebens mit Ängsten und Hoffnungen, Freuden und Trauer, Stress und Leerlauf zu sich selbst, zu seinem Nächsten und zu Gott finden kann. Denn wer den Feiertag zum Alltag macht, kann aus der Tiefe nicht schöpfen. Wer jedoch die Stimme Gottes in der Stille sucht, kann sich im Stimmengewirr des Alltags leichter zurechtfinden.

„Vater und Mutter ehren". Warum? Damit ein Mensch die Liebes-Logik Gottes – die gegenseitige Achtung sowie den nachhaltigen Respekt – schätzen lernt. Denn wer auf seine Eltern einfach herabschaut oder nur hochschaut, hat bereits die eigene Zukunft verspielt. Wer jedoch seinen Mitmenschen achtet, kann selbst Achtung erwarten.

„Nicht töten". Warum? Damit ein Mensch sein einmaliges und einzigartiges Leben nicht verliert, das er sich selbst nicht gegeben hat. Denn wer mordet, zerstört; wer jedoch Ehrfurcht vor dem Leben hat, schützt; wer jedem eine Chance zum Leben gibt, trägt Verantwortung vor dem Schöpfer.

„Nicht ehebrechen". Warum? Damit ein Mensch im Haus der Ehe glücklich leben kann, im Geist gegenseitiger Liebe und gemeinsamer Verantwortung. Denn wer aus dem Haus ausbricht oder in ein anderes wie ein Dieb einbricht, verhindert einen gereiften Neuanfang.

„Nicht stehlen". Warum? Damit ein Mensch mit seinem materiellen und geistigen Eigentum als Nächster geachtet wird, ein Selbstbestimmungsrecht sowie eine Privatsphäre hat. Wer fremdes Eigentum nicht achtet, darf

sich über die Missachtung seines eigenen Eigentums nicht wundern.

„Nicht falsch Zeugnis reden". Warum? Damit ein Mensch seine Glaubwürdigkeit behält und sich auf die Suche nach der Wahrheit machen kann. Denn wer fanatisch ist, ist selbstgerecht; wer schwärmerisch ist, unvernünftig; wer jedoch die Wahrheit in Liebe sucht, verantwortungsvoll.

„Nicht des nächsten Haus begehren". Warum? Damit sich ein Mensch mit seinen Gaben und Möglichkeiten für den Nächsten und die Allgemeinheit einsetzen kann. Denn wer seinen Nächsten beneidet, verbaut sich einen Zugang zu seinem Nächsten und schadet sich selbst.

„Nicht alles, was sein ist, begehren". Warum? Damit ein Mensch ein glücklicher Mensch bleiben kann.
Denn wer durch ständige Vergleiche unzufrieden und verbittert ist, kann sich selbst nicht annehmen wie Gott ihn angenommen hat, nämlich bedingungslos aus grenzenloser Liebe.

Anni und ihrem Großvater geht ein Licht auf. In der freiwilligen Bindung an Gottes Gebote sind auch sie gewürdigt und frei – zur liebenden Vernunft.

Zeit

Als Samenkorn leben?

Anni und ihr Großvater lesen gemeinsam den Artikel

Der Sand rieselt still und langsam, aber unaufhörlich vor sich hin. Alle Sandkörner in der Sanduhr sind miteinander verbunden. Alle sind winzig, vergänglich und endlich. Alle müssen irgendwann durch eine enge Öffnung, von einem Kolben in den anderen.

Ein Sandkorn scheint aus der Reihe zu tanzen. Eine hartnäckige Angst sitzt ihm im Nacken. Es wird von einer inneren Unruhe beherrscht. Es will im Strom der Zeit nichts verpassen, nichts verlieren, auch nicht vergessen werden. Eine unsichtbare Jury, die den Daumen nicht nur heben, sondern auch senken kann, bereitet ihm schlaflose Nächte. Doch welche Spuren wird es im Sand hinterlassen?

Ein anderes Sandkorn mischt sich manchmal gedankenlos, manchmal herzlos, vor allem verantwortungslos ein. Es verbreitet unnötigen Ärger, ist Sand im Getriebe und bringt ein ganzes Uhrwerk aus dem Takt. Immer häufiger setzt es selbst Staub an, ist selbstgerecht und verhindert dadurch eigene und fremde Entwicklungen. Viele sind erleichtert, als es im Unbekannten verschwindet. Können jetzt (noch) alle seine Spuren geheilt werden?

„Ich will nicht umsonst gelebt haben", meint ein weiteres Sandkorn, das zu sich selbst gefunden hat. Es denkt über seine Lebenszeit nach, die es nicht krampfhaft festhalten oder einfach vermehren kann, sondern die unwiederholbar vergeht. Aber gerade deshalb einmalig, wertvoll und kostbar ist - eine geschenkte Zeit, mehr als eine messbare.

Und wenn das so ist: Sollte das Sandkorn dann nicht Zeit-Diebe meiden, die ihm seine Lebenszeit mit Nickeligkeiten stehlen? Sich mit alten Kamellen belasten, die die Gegenwart nur vergiften? Sich treiben lassen, die Zeit einfach totschlagen? Sich als Getriebener kaputt machen, sich dem Diktat der Termine oder seiner Gier unterwerfen?

Wie wäre es mit der Perspektive, bewusster zu leben? - Die begrenzte Zeit sinnvoll zu gestalten statt sie nur zu verwalten. Wichtiges vom Unwichtigen zu unterscheiden. Neue Schwerpunkte und Ziele zu setzen. Das Nötige im Möglichen zuerst zu tun. - Um wieder glücklicher und froher sein zu können?!

Das Sandkorn denkt noch weiter.
Alles, selbst der Widerspruch von Dauer und Vergänglichkeit, fällt eines Tages zusammen.
Aber muss das unbekannte Ende im trostlosen Nichts enden?

Während sich der obere Kolben der Sanduhr entleert, füllt sich gleichzeitig der untere Kolben.

Und wenn ein Sandkorn an den ewigen Schöpfer aller Zeit (-Uhren) glaubt, kann selbst aus einem Staubkorn ein Samenkorn werden, das neuen Sinn entdeckt.
Und es kann im Treibsand des vergänglichen Lebens Hoffnung auf Ewigkeit wecken.

Dank

Es trifft sich gut, dass meine Enkeltochter, die nicht zufällig auch *Anni* heißt, im Dezember 2018 geboren und im Mai 2019 in Oldenburg von ihrem Großvater getauft worden ist. Wenn sie älter geworden ist und die Texte allein oder mit anderen liest, kann sie sie als vorweggenommene und schriftlich fixierte Gespräche mit *ihrem* Großvater deuten, vor allem über die Texte nachdenken und sprechen – kritisch, kontrovers, ergänzend oder auch vertiefend.

Danken möchte ich meiner *Tochter Vera* und meinem *Schwiegersohn Johannes* für die vielen Inspirationen durch Begegnungen und Gespräche.

Ferner danke ich meiner *Frau Margret* und meinem *Sohn Jonas* für die vielen Impulse und Denkanstöße sowie die konstruktive Begleitung bei der Entwicklung der Texte und der Herstellung des Buches.

Schließlich möchte ich meinen *Eltern* Dank sagen, die mich durch ihre Erziehung und Persönlichkeiten in besonderer Weise geprägt haben, aber auch meinen *Geschwistern, Großeltern* und *Verwandten* sowie *Freunden*, die alle für mich eine Bereicherung meines Lebens (gewesen) sind. Durch sie und mit ihnen konnte ich in gewisser Weise bei allen Zweifeln und Herausforderungen neugierig und zuversichtlich auf den unsichtbaren, aber erfahrbaren liebenden „guten Hirten" bleiben.

Burkhard Budde

freier Journalist, Autor und promovierter Theologe, der in Bad Harzburg lebt. Er studierte Ev. Theologie, Publizistik und Philosophie an der Universität Münster. Er ist verheiratet und hat zwei erwachsene Kinder, seit Ende 2018 auch ein Enkelkind.